成语益智游戏大全

CHENGYU YIZHI YOUXI DAQUAN

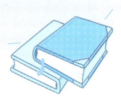

江安海 主编

化学工业出版社

·北京·

图书在版编目（CIP）数据

成语益智游戏大全/江安海主编． —北京：化学工业出版社，2018.8（2020.1重印）
ISBN 978-7-122-32349-1

Ⅰ．①成⋯　Ⅱ．①江⋯　Ⅲ．①汉语-成语-儿童读物　Ⅳ．①H136.31-49

中国版本图书馆CIP数据核字（2018）第124084号

责任编辑：旷英姿　　　　　　　　　　　文字编辑：李　曦
责任校对：边　涛　　　　　　　　　　　装帧设计：史利平

出版发行：化学工业出版社（北京市东城区青年湖南街13号　邮政编码100011）
印　　装：中煤（北京）印务有限公司
710mm×1000mm　1/16　印张16　字数216千字　2020年1月北京第1版第2次印刷

购书咨询：010-64518888　　　　　售后服务：010-64518899
网　　址：http://www.cip.com.cn
凡购买本书，如有缺损质量问题，本社销售中心负责调换。

定　价：39.80元　　　　　　　　　　　　　　　　版权所有　违者必究

前言
PREFACE

　　汉语成语是中华传统文化的一大特色,是历经千百年的锤炼铸造而成的语言词汇中的精华。成语是历史的产物,本身蕴含着诸多故事和典故,通过对成语的学习,可以帮助我们了解上下五千年悠久的中华历史文化,增长知识,提升文化的修养。

　　作为中华民族智慧的结晶,虽然历经岁月沧桑,但饱含在成语中的诸多智慧和道理,至今仍受到人们的认可与追捧,影响着我们的生活与人际交往。而作为语言的精华,成语因其结构简洁而凝练、内涵深刻而丰富,成为我们写作与说话的"座上宾"。所以,对成语的学习是青少年的必修课,它将引领我们丰富自己的内心世界、开阔见识及增长智慧。掌握了丰富的成语,我们就会思如泉涌、笔下生辉、口吐莲花、出口成章。

　　本书从青少年思维敏捷、好学、好动、好奇的特点出发,把成语学习与趣味游戏结合起来,根据成语之间的多种关联,采用丰富多彩的形式帮助孩子们学好成语,用好成语。

　　全书涉及成语数千条,主要采用以下形式组合:

　　(1)成语接龙。从成语中包含的数字、色彩、季节、性格、情感用字引出接龙,还利用歇后语、诗歌、名言警句与成语的巧妙关系进行接龙。

　　(2)成语猜谜。以一个字、两个字、三个字……甚至诗歌名句作为谜面,让大家展开丰富的想象来猜成语。

（3）按字说成语。利用我们生活中常见的字，以"飞花令"般的形式找出相应的成语。

（4）歇后语接成语。说出歇后语前半部分，后半部分的成语将脱口而出。

（5）成语连连看。前后两部分连线，组成一个正确的成语。

（6）成语改错。把容易写错的成语找出来，让大家一起参与改错。

（7）成语迷宫。把成语隐藏在迷宫中，确定出入口，增添成语学习的乐趣。

（8）成语中的近义与反义。利用成语中两个字之间或两个词之间意思相近、相对或相反的关系来学习成语。

（9）看图猜成语。利用图中文字、图形等的提示，猜出相应的成语。

（10）知识链接。将出自《论语》《道德经》《史记》《三十六计》《西游记》等经典名著中的成语进行了列举，将历史人物和与之相关的成语进行了关联。

……

灵活多变的学习形式让成语的学习变得妙趣无穷。快快加入进来，和家人、好朋友一起来玩成语游戏，轻松掌握更多的成语！

汉语成语数以万计，处在不断发展嬗变中，本书对成语游戏的设计、编排所做的尝试及释义、举例等方面难免存在不妥之处，敬请专家、读者斧正。

编　者

2018年8月

目录
CONTENTS

✦ 第一部分　成语接长龙　/　001

数字成语接龙　/　002
色彩成语接龙　/　011
季节成语接龙　/　019
歇后语成语接龙　/　026
性格描写成语接龙　/　032
情感表达成语接龙　/　039
诗歌成语接龙　/　046
名言警句成语接龙　/　054
寓言、典故成语接龙　/　061

✦ **第二部分**　猜谜语学成语　/　068
✦ **第三部分**　填文字品成语　/　081
✦ **第四部分**　成语之"最"　/　096
✦ **第五部分**　按字说成语　/　110
✦ **第六部分**　歇后语接成语　/　125
✦ **第七部分**　成语连连看　/　136
✦ **第八部分**　成语改错　/　147

☆ 第九部分　成语迷宫　/　158
☆ 第十部分　近义成语与反义成语　/　172
☆ 第十一部分　成语填空　/　183
☆ 第十二部分　看图猜成语　/　195
☆ 第十三部分　成语对对子　/　208
☆ 第十四部分　缤纷成语家族　/　219
☆ 第十五部分　成语大长龙　/　233
☆ 参考答案　/　239

第一部分

成语接长龙

数字成语接龙

> 首个成语中以数字作为开头,后面的成语以前一个成语中末尾的文字作为首字,依次连接,形成接龙。

一、接龙示例

一字龙

一举两得 → 得道多助 → 助人为乐 → 乐不可言 → 言听计从 →
从头到尾 → 尾大不掉 → 掉以轻心 → 心旷神怡 → 怡然自若 →
若即若离 → 离弦之箭 → 箭不虚发 → 发家致富 → 富国强民

二字龙

二话不说 → 说长道短 → 短兵相接 → 接连不断 → 断事如神 →
神采飞扬 → 扬名后世 → 世代相传 → 传家之宝 → 宝刀不老 →
老成持重 → 重本轻末 → 末大必折 → 折戟沉沙 → 沙里淘金

三字龙

三言两语 → 语重心长 → 长篇大论 → 论长论短 → 短衣匹马 →
马齿徒增 → 增产节约 → 约法三章 → 章决句断 → 断纸余墨 →
墨守成规 → 规行矩步 → 步履维艰 → 艰苦卓绝 → 绝顶聪明

四字龙

四面八方 → 方便之门 → 门庭若市 → 市井小人 → 人仰马翻 →

第一部分　成语接长龙

翻江倒海→海阔天空→空穴来风→风调雨顺→顺水推舟
舟车劳顿→顿足捶胸→胸怀大志→志同道合→合情合理

五字龙

五子登科→科班出身→身经百战→战无不克→克己奉公
公正无私→私相授受→受益匪浅→浅尝辄止→止于至善
善罢甘休→休戚与共→共商国是→是是非非→非亲非故

六字龙

六亲无靠→靠天吃饭→饭来张口→口说无凭→凭空捏造
造谣生事→事必躬亲→亲如手足→足不出户→户枢不朽
朽木死灰→灰心丧气→气宇轩昂→昂首阔步→步步高升

七字龙

七上八下→下不为例→例行公事→事预则立→立足之地
地久天长→长眠不起→起死回生→生离死别→别具匠心
心花怒放→放虎归山→山盟海誓→誓不两立→立竿见影

八字龙

八面来风→风风雨雨→雨打风吹→吹吹打打→打草惊蛇
蛇头鼠眼→眼花缭乱→乱七八糟→糟糠之妻→妻儿老小
小题大做→做贼心虚→虚张声势→势如破竹→竹报平安

003

九字龙

九牛一毛 → 毛手毛脚 → 脚踏实地 → 地广人稀 → 稀稀拉拉 →
拉拉杂杂 → 杂草丛生 → 生龙活虎 → 虎口拔牙 → 牙牙学语 →
语焉不详 → 详征博引 → 引狼入室 → 室迩人远 → 远见卓识

十字龙

十全十美 → 美不胜收 → 收回成命 → 命世之才 → 才貌双全 →
全军覆没 → 没齿难忘 → 忘乎所以 → 以卵击石 → 石破天惊 →
惊弓之鸟 → 鸟尽弓藏 → 藏龙卧虎 → 虎口逃生 → 生吞活剥

百字龙

百年大计 → 计日而待 → 待价而沽 → 沽名钓誉 → 誉满天下 →
下笔千言 → 言之有理 → 理直气壮 → 壮志难酬 → 酬功报德 →
德广才高 → 高姓大名 → 名垂千古 → 古木参天 → 天真无邪

千字龙

千差万别 → 别开生面 → 面不改色 → 色胆包天 → 天高地厚 →
厚古薄今 → 今非昔比 → 比比皆是 → 是非分明 → 明哲保身 →
身体力行 → 行云流水 → 水落石出 → 出其不意 → 意气风发

二、重点成语释义

箭不虚发 jiàn bù xū fā
虚：空。发：射出。指射箭本领高超，每射必中。也比喻做事有针对性，定能达到目的。

第一部分　成语接长龙

近义 百发百中　　**反义** 无的放矢
示例 他做任何事必定先规划后行动，以便箭不虚发，一举中的。

shén cǎi fēi yáng
神采飞扬
形容兴奋得意，精神焕发的样子。
近义 神采奕奕　　**反义** 无精打采
示例 他神采飞扬地走上讲台，开始了滔滔不绝的演讲。

mò shǒu chéng guī
墨守成规
形容因循守旧，不思变革。
近义 循规蹈矩　　**反义** 另辟蹊径
示例 在当前改革的浪潮中，墨守成规会让人停滞不前。

bù lǚ wéi jiān
步履维艰
步履：行走。维：助词。指行走十分困难。
近义 寸步难行　　**反义** 健步如飞
示例 90岁高龄的奶奶腿脚很不方便，每次出门都步履维艰，走得非常辛苦。

mén tíng ruò shì
门庭若市
门：门口。庭：庭院。门口和庭院像集市一样。形容来的人极多，热闹非凡。
近义 车水马龙　　**反义** 无人问津
示例 这家店铺赢得了顾客的一致好评，天天门庭若市，生意好极了。

shòu yì fěi qiǎn
受益匪浅
益：好处。匪：不。指得到了不少教益和启发。
近义 受益不浅　　**反义** 一无所获
示例 老师语重心长的一席话让我受益匪浅。

事必躬亲 shì bì gōng qīn
躬亲：亲自。指凡事一定要亲自去做。形容办事认真，毫不懈怠。

近义 亲力亲为　　**反义** 好逸恶劳

示例 为了办好晚会，他事必躬亲检查每一个细节。

立竿见影 lì gān jiàn yǐng
在阳光下竖起竹竿，马上就能看到竹竿的影子。比喻立即见到功效。

近义 马到成功　　**反义** 劳而无功

示例 马医生的治疗方案立竿见影，病人很快恢复了健康。

打草惊蛇 dǎ cǎo jīng shé
打草时惊动了伏在草中的蛇。比喻因行动不谨慎，事先惊动了对方，使其有所戒备。

近义 操之过急　　**反义** 引蛇出洞

示例 警察在抓捕犯人时都会小心谨慎，避免打草惊蛇。

虚张声势 xū zhāng shēng shì
张：声张，张扬。凭空制造出强大的声威和气势。

近义 装腔作势　　**反义** 不动声色

示例 真正的强者从来不会惧怕虚张声势的对手。

远见卓识 yuǎn jiàn zhuó shí
远大的目光，卓越的见识。

近义 别具慧眼　　**反义** 鼠目寸光

示例 共产党的远见卓识挽救了水深火热中的中国老百姓。

石破天惊 shí pò tiān jīng
原形容演奏箜篌（古乐器）的声音高亢激越，惊天动地。后常用来形容文章、议论不同凡响或事态发展出人意料。

近义 惊天动地　　**反义** 默默无闻

第一部分　成语接长龙

示例　这件事石破天惊，打乱了大家的平静生活。

niǎo jìn gōng cáng
鸟尽弓藏

飞鸟猎尽了，就把弓收起来。比喻事情成功以后，出过力的人就被抛弃了。

近义　兔死狗烹　　反义　知恩图报

示例　范蠡在辅佐越王勾践称霸中原后，为了避免鸟尽弓藏的命运，他功成身退。

dé xīn yìng shǒu
得心应手

怎么想的，手就能怎么做。指做事心手相应，运用自如。多形容技艺纯熟。

近义　游刃有余　　反义　力不从心

示例　因为做足了准备工作，这件事情他处理得得心应手。

shuǐ luò shí chū
水落石出

水落下去，水底的石头就露出来了。比喻事情的真相完全显露出来。

近义　真相大白　　反义　扑朔迷离

示例　经过严密的调查，这件事情的真相终于水落石出了。

三、玩游戏学成语

1. 完成成语接龙。

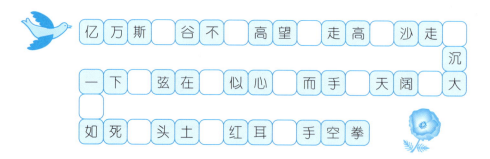

2. 完成数字填空。

来	桃	从	分	颜	街	情	街	儒	全
去	士	德	裂	色	市	欲	陌	丐	美

3. 完成成语运算（用成语中的数字来运算）。

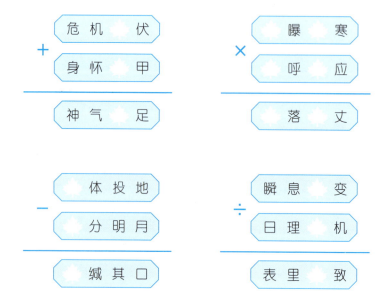

第一部分 成语接长龙

四、知识链接

成语中的数字

众所周知，有很多成语中都含有数字，但这些数字的含义并不完全一样，有的是确指，有的是泛指，表示"多"或者"少"，而有的与数字本身并没有直接关联。

1. 表示确数

【三纲五常】三纲：君为臣纲、父为子纲、夫为妻纲；五常：仁、义、礼、智、信。

【三山五岳】三山：黄山、庐山、雁荡山；五岳：东岳泰山、西岳华山、南岳衡山、北岳恒山、中岳嵩山。

【三教九流】三教：儒教、佛教、道教；九流：儒家、道家、墨家、法家、名家、杂家、农家、纵横家、阴阳家。

【四书五经】四书：《大学》《中庸》《论语》《孟子》；五经：《诗》《书》《礼》《易》《春秋》。

【四体不勤，五谷不分】四体：指人的两手和两足。五谷：稻、麦、黍、稷、菽。

【四时八节】四时：春、夏、秋、冬四季；八节：立春、春分、立夏、夏至、立秋、秋分、立冬、冬至。

【五体投地】五体：人的四肢和头。

【五音不全】五音：宫、商、角、徵、羽。

【五脏六腑】五脏：心、肝、脾、肺、肾；六腑：胃、大肠、小肠、三焦、膀胱、胆。

【五花八门】五花：金菊花、木棉花、水仙花、火棘花、土牛花；八门：金、皮、彩、挂、评、团、调、柳。

【六根清净】六根：佛教指眼、耳、鼻、舌、身、意。

【六畜兴旺】六畜：猪、牛、羊、马、鸡、狗。

【七窍生烟】七窍：两耳、两眼、两鼻孔和口。

【七情六欲】七情：喜、怒、哀、乐、爱、恶、欲；六欲：指生、死、耳、目、口、鼻所产生的欲念。

【八仙过海】八仙：汉钟离、张果老、韩湘子、铁拐李、吕洞宾、曹国舅、蓝采和、何仙姑。

【九鼎大吕】九鼎：传说夏禹铸九鼎，象征九州。

【十恶不赦】十恶：谋反、谋大逆、谋叛、恶逆、不道、大不敬、不孝、不睦、不义、内乱。

2. 表示"多、远"的意思

以含有"三、五、九、百、千、万"的部分成语最具有代表性。如：一泻千里、接二连三、三番五次、三令五申、九死一生、九霄云外、九天揽月、百折不挠、千方百计、千夫所指、千言万语、万念俱灰、万家灯火、亿万斯年等。

3. 表示"少"的意思

以含有"一"的部分成语最具有代表性，如：一分一毫、一丝一缕、一毛不拔、一点一滴、一朝一夕、一针一线、一知半解、九牛一毛等。

4. 表示"繁杂、凌乱"的意思

以含有"七、八"的部分成语最具有代表性，如：七七八八、七零八落、七上八下、七手八脚、七拼八凑、横七竖八、乱七八糟、杂七杂八等。

5. 表示强调突出的意思

如：一模一样、一无所有、一清二楚、一干二净、一刀两断、一落千

第一部分 成语接长龙

丈、独一无二、五大三粗、九九归一、十拿九稳、十全十美、百战百胜、千真万确、万无一失等。

6. 表示贬义

以含有"三、四"的部分成语最具有代表性，如：说三道四、不三不四、低三下四、丢三落四、朝三暮四、推三阻四等。

色彩成语接龙

> 首个成语的首字以某种颜色作为开头，后面的成语以前一个成语中末尾的文字作为首字，依次连接形成接龙。

一、接龙示例

绿字龙

绿水青山 → 山清水秀 → 秀而不实 → 实至名归 → 归之如市 → 市井之徒 → 徒劳无功 → 功盖天下 → 下车伊始 → 始料不及 → 及时行乐 → 乐不思蜀 → 蜀犬吠日 → 日久生情 → 情不自禁

红字龙

红光满面 → 面红耳赤 → 赤胆忠心 → 心知肚明 → 明知故问 → 问寒问暖 → 暖衣饱食 → 食不果腹 → 腹心之交 → 交口称誉 → 誉过其实 → 实话实说 → 说来说去 → 去粗取精 → 精兵简政

黑字龙

黑灯瞎火 → 火上浇油 → 油嘴滑舌 → 舌剑唇枪 → 枪林弹雨 →
雨歇云收 → 收视反听 → 听之任之 → 之死靡他 → 他山之石 →
石枯松老 → 老生常谈 → 谈笑风生 → 生不逢时 → 时过境迁 →

白字龙

白发苍苍 → 苍白无力 → 力不从心 → 心惊肉跳 → 跳梁小丑 →
丑态百出 → 出神入化 → 化为乌有 → 有言在先 → 先礼后兵 →
兵精粮足 → 足慰平生 → 生死关头 → 头破血流 → 流光溢彩 →

黄字龙

黄金时代 → 代人受过 → 过犹不及 → 及门弟子 → 子曰诗云 →
云中白鹤 → 鹤发童颜 → 颜筋柳骨 → 骨肉至亲 → 亲亲热热 →
热火朝天 → 天高地厚 → 厚此薄彼 → 彼竭我盈 → 盈盈秋水 →

蓝字龙

蓝田生玉 → 玉汝于成 → 成竹在胸 → 胸无大志 → 志在必得 →
得心应手 → 手足情深 → 深入浅出 → 出生入死 → 死去活来 →
来日方长 → 长年累月 → 月貌花容 → 容光焕发 → 发愤图强 →

紫字龙

紫气东来 → 来者不善 → 善始善终 → 终身大事 → 事到临头 →
头面人物 → 物归原主 → 主圣臣贤 → 贤妻良母 → 母仪天下 →
下车泣罪 → 罪有应得 → 得意门生 → 生机勃勃 → 勃然大怒 →

第一部分　成语接长龙

青山绿水 → 水泄不通 → 通力合作 → 作茧自缚 → 缚鸡之力 →
力排众议 → 议论纷纷 → 纷纷扬扬 → 扬眉吐气 → 气喘如牛 →
牛高马大 → 大张旗鼓 → 鼓乐齐鸣 → 鸣金收兵 → 兵戎相见

二、重点成语释义

shí zhì míng guī
实至名归　实：指实际的成就或水平。名：名誉。有了实际的成绩或水平，就会得到应有的声誉。

近义　当之无愧　　反义　名不副实
示例　李老师被评为市级优秀教师，大家都说这是实至名归。

lín lí jìn zhì
淋漓尽致　尽致：达到极点。形容文章或讲话等表达得充分透彻。

近义　酣畅淋漓　　反义　轻描淡写
示例　他把故事情节讲述得淋漓尽致。

jīng bīng jiǎn zhèng
精兵简政　精简人员，紧缩机构。

近义　精打细算　　反义　尾大不掉
示例　为了减轻老百姓的负担，政府部门决定精兵简政。

shé jiàn chún qiāng
舌剑唇枪　舌头似剑，嘴唇如枪。形容论辩激烈，言辞非常尖锐犀利。也作"唇枪舌剑"。

近义　针锋相对　　反义　促膝谈心
示例　辩论赛上，正反两方选手舌剑唇枪，互不相让，精彩纷呈。

老生常谈 lǎo shēng cháng tán
老生:年老的书生。原指老书生经常讲的话,后泛指平常的没有新意的老话。

近义 陈词滥调　　**反义** 别具匠心
示例 这篇文章一看就是老生常谈,没有丝毫新意。

谈笑风生 tán xiào fēng shēng
形容谈话时有说有笑,兴致很高。

近义 欢声笑语　　**反义** 不苟言笑
示例 一群中学生坐在草地上谈笑风生。

心惊肉跳 xīn jīng ròu tiào
形容担心灾祸临头,恐慌不安。

近义 毛骨悚然　　**反义** 泰然自若
示例 站在悬崖边往下看,他吓得心惊肉跳。

出神入化 chū shén rù huà
神:神妙。化:化境,即最高境界。形容技艺高超,达到了绝妙的境界。

近义 炉火纯青　　**反义** 平淡无奇
示例 杨丽萍演绎的舞蹈《雀之灵》已经达到了出神入化的境地。

过犹不及 guò yóu bù jí
事情做得过了头,就跟做得不够是一样的,都不合适。指做事情应该恰如其分。

近义 矫枉过正　　**反义** 恰到好处
示例 做事情一定要把握好分寸,用力过猛可能会过犹不及。

貌不惊人 mào bù jīng rén
指相貌一般,没什么让人惊异的地方。

近义 相貌平平　　**反义** 美若天仙

第一部分 成语接长龙

> **示例** 别看他貌不惊人,可他满腹经纶,是个十足的大才子。

成竹在胸 chéng zhú zài xiōng

成:现成的。指画竹子前心中先有竹子的形象。比喻在做事之前心中有全面的谋划打算。

近义 心中有数　　**反义** 胸无成竹

示例 因为复习很用心,所以她对这次考试成竹在胸。

得意门生 dé yì mén shēng

门生:亲自授业的弟子。最欣赏最满意的学生。

近义 高足弟子　　**反义** 不肖弟子

示例 她是全班公认的老师的得意门生。

水泄不通 shuǐ xiè bù tōng

连水都排不出去。形容封锁或包围得非常严密,也形容人很多,十分拥挤。

近义 人山人海　　**反义** 四通八达

示例 "十一"黄金周,八达岭长城人满为患,被游客挤得水泄不通。

作茧自缚 zuò jiǎn zì fù

蚕吐丝作茧,把自己包在里面。比喻自己的作为反而使自己受困。

近义 自作自受　　**反义** 化茧成蝶

示例 他作茧自缚做尽坏事,最终把自己送进了监狱。

扬眉吐气 yáng méi tǔ qì

舒展眉头,倾吐愤懑之气。形容摆脱压抑后心情舒畅的神态。

近义 眉飞色舞　　**反义** 忍气吞声

示例 我们班终于赢了这场篮球比赛,大家扬眉吐气地回到了教室。

三、玩游戏学成语

1. 完成成语接龙。

银装素□足不□赴后□往开□日无□愁

风雅□坑书□俱石□碎珠□涕激□善

连忘□璞归□凭实□理力争

灰飞烟□顶之□难深□义轻□死相□依

之心□愿与□无若□细节□逐本□不

古谈□生今□变风□情别恋

粉面朱□亡齿□来暑□来如□锦回□才

自然□不应□仇将□之遇□所有□武

魂落□丧魂□盔弃□坚兵利

2. 请将下面的颜色正确地填入成语中。

红、黄、绿、青、蓝、紫、黑、白、灰、金、银、粉

□心丧气　火眼□睛　□光满面　火树□花　□身碎骨

第一部分 成语接长龙

司 马 衫 　 田 生 玉 　 气 东 来 飞 　 腾 达 　 璧 无 瑕

昏 天 地 　 树 成 荫 青 　 皂 　 出 于 　 肥 瘦

卷 灯 　 纸 字 万 千 　 花 柳 　 山 水

旗 盖 带 佩 　 分 明 批 判 大 大

唇 齿

四、知识链接

成语中的颜色

含有关于颜色字词的成语非常多,这个"颜色成语"大家族丰富了我们对世界的描绘,让我们的语言与文字表达更加传神。这些含有颜色的成语有的只是表达字面的本义,有的却有更丰富的内涵,让我们的语言变得情趣盎然。

含"红"字的成语	红红绿绿　红日三竿　红口白牙　红炉暖阁　面红耳赤　青红皂白 大红大绿　唇红齿白　披红挂绿　满面红光　看破红尘　滚滚红尘 姹紫嫣红　万紫千红
含"黄"字的成语	黄茅白苇　黄卷青灯　黄金时代　黄粱一梦　面黄肌瘦　回黄转绿 炎黄子孙　飞黄腾达　绿衣黄里　明日黄花　直捣黄龙　一抔黄土 半青半黄　飞苍走黄

017

含"绿"字的成语	绿草如茵	绿荫如盖	绿水青山	绿肥红瘦	绿暗红稀	惨绿少年
	青枝绿叶	朱颜绿鬓	红男绿女	花红柳绿	花花绿绿	粉白黛绿
	灯红酒绿	愁红惨绿				

含"紫"字的成语	紫气东来	紫陌红尘	紫袍金带	紫电清霜	金印紫绶	大红大紫
	争红斗紫	姚黄魏紫	腰金衣紫	万红千紫		

含"白"字的成语	白发苍苍	白驹过隙	白浪滔天	白手起家	苍白无力	平白无辜
	洁白无瑕	青天白日	阳春白雪	死气白赖	急赤白脸	真相大白
	一穷二白	虚室生白				

含"黑"字的成语	黑灯瞎火	黑天摸地	黑云压城	黑白颠倒	月黑风高	漆黑一团
	白纸黑字	白山黑水	昏天黑地	说白道黑	乌漆墨黑	起早贪黑

含"灰"字的成语	灰飞烟灭	灰头土脸	灰心丧气	心灰意冷	死灰复燃	吹灰之力
	面如死灰	焚骨扬灰	心若死灰	万念俱灰		

含"蓝"字的成语	蓝田生玉	筚路蓝缕	青出于蓝	蓝青官话	白袷蓝衫	

第一部分 成语接长龙

季节成语接龙

> 首个成语的首字以"春夏秋冬"四季的字作为开头,后面的成语以前一个成语中末尾的文字作为首字,依次连接形成接龙。

一、接龙示例

春字龙

春和景明 → 明目张胆 → 胆战心惊 → 惊涛骇浪 → 浪迹江湖 →
湖光山色 → 色彩缤纷 → 纷纷扰扰 → 扰扰攘攘 → 攘外安内 →
内忧外患 → 患难与共 → 共府同堂 → 堂堂正正 → 正中下怀

夏字龙

夏雨雨人 → 人心所向 → 向隅而泣 → 泣不可仰 → 仰人鼻息 →
息息相通 → 通情达理 → 理屈词穷 → 穷山恶水 → 水火无情 →
情投意合 → 合纵连衡 → 衡石量书 → 书生之见 → 见缝插针

秋字龙

秋风过耳 → 耳目一新 → 新陈代谢 → 谢天谢地 → 地动山摇 →
摇旗擂鼓 → 鼓掌击节 → 节衣缩食 → 食古不化 → 化为乌有 →
有口难言 → 言多必失 → 失声痛哭 → 哭天抹泪 → 泪如雨下

019

冬字龙

冬日之阳 → 阳奉阴违 → 违利赴名 → 名扬四海 → 海纳百川 →
川流不息 → 息息相关 → 关怀备至 → 至高无上 → 上行下效 →
效颦学步 → 步步为营 → 营私舞弊 → 弊绝风清 → 清心寡欲

二、重点成语释义

明目张胆 míng mù zhāng dǎn

明目：睁亮眼睛；张胆：放开胆量。原指有胆识，敢作敢为。后形容公开放肆地干坏事。

近义 肆无忌惮　　**反义** 鬼鬼祟祟

示例 光天化日之下，几个匪徒竟然明目张胆地施行抢劫。

惊涛骇浪 jīng tāo hài làng

骇：使惊怕。汹涌吓人的浪涛。比喻险恶的环境或尖锐激烈的斗争。

近义 波涛汹涌　　**反义** 风平浪静

示例 暴风雨即将来临，平静的海面上掀起了惊涛骇浪。

湖光山色 hú guāng shān sè

湖的风光，山的景色。指有水有山，风景秀丽。

近义 山清水秀　　**反义** 穷山恶水

示例 我爱这充满诗情画意的湖光山色。

患难与共 huàn nàn yǔ gòng

共同承担危险和困难。指彼此关系密切，利害一致。

近义 同甘共苦　　**反义** 反目成仇

示例 他们是一对患难与共的模范夫妻。

第一部分　成语接长龙

向隅而泣 xiàng yú ér qì
隅：墙角。一个人面对墙角哭泣。指因被冷落、抛弃而感到孤独、悲哀。

近义 唉声叹气　　**反义** 春风得意

示例 因为挨了老师的批评，她躲在屋子里向隅而泣。

理屈词穷 lǐ qū cí qióng
穷：尽。由于理亏而无话可说。

近义 无言以对　　**反义** 义正词严

示例 在证据面前，他最终理屈词穷了。

见缝插针 jiàn fèng chā zhēn
缝：缝隙。比喻尽可能地利用一切可以利用的空间、时间或机会。

近义 争分夺秒　　**反义** 游手好闲

示例 尽管工作很忙，但她还是见缝插针地学习，终于考上了研究生。

耳目一新 ěr mù yī xīn
耳目：听到的和见到的。听到的、看到的跟以前完全不同，使人感到新鲜。

近义 焕然一新　　**反义** 陈词滥调

示例 他的新作品给人耳目一新之感。

新陈代谢 xīn chén dài xiè
指生物体不断用新物质代替旧物质的过程。也指新事物不断产生发展，代替旧的事物。

近义 推陈出新　　**反义** 停滞不前

示例 新陈代谢，除旧更新，这是历史发展的必然规律。

食古不化 shí gǔ bù huà
指对所学的古代知识理解得不透彻,不善于按现在的情况来运用,跟吃东西不消化一样。

近义 一成不变　　**反义** 推陈出新
示例 食古不化的人很难适应当今瞬息万变的社会。

化为乌有 huà wéi wū yǒu
变得什么都没有了。指全部消失或完全落空。

近义 子虚乌有　　**反义** 无中生有
示例 所有的希望顷刻间化为乌有,她非常伤心。

阳奉阴违 yáng fèng yīn wéi
阳:表面上;阴:暗地里。指玩弄两面派手法,表面上遵从,暗地里违背。

近义 表里不一　　**反义** 表里如一
示例 有些人在领导面前总是阳奉阴违。

海纳百川 hǎi nà bǎi chuān
纳:容纳,包容。大海可以容得下成百上千条江河之水。比喻包容的东西非常广泛,而且数量很大。

近义 虚怀若谷　　**反义** 嫉贤妒能
示例 我们要有海纳百川的胸襟。

川流不息 chuān liú bù xī
形容行人、车马等像水流一样连续不断。

近义 络绎不绝　　**反义** 断断续续
示例 大街上行人、车辆川流不息。

效颦学步 xiào pín xué bù
比喻盲目模仿而弄巧成拙。

近义 鹦鹉学舌　　**反义** 标新立异
示例 没有真正领会本质的效颦学步只会给人留下笑柄。

第一部分　成语接长龙

三、玩游戏学成语

1. 双龙戏珠（根据首个成语的首字和尾字，左右两边分别接龙）。

风卷残云

左	右
风 雨	卷 云
过 天	眉 展
空 万	明 手
巷 市	马 加
井 有	长 莫
析 缕	瓜 而
九 寒	笔 捉
诛 地	光 剑
绝 人	只 形
命 攸	枪 匹
门 打	如 游
急 跳	飞 凤
上 泥	文 弄
肉 之	迹 未
口 婆	净 利

2. 请将春、夏、秋、冬分别填入相应的空格，组成成语。

春 夏 秋 冬

○风○化雨　○雨○雨人　寒○腊月

枯木逢○　多事之○　妙手回○

○阳白雪　○高气爽　○虫○朝菌

满园○色　暗送○波　千○万代

○去○来　○扇○炉　○收○藏

3. 填成语记节气。

二十四节气歌
春雨惊春清谷天，夏满芒夏暑相连。
秋处露秋寒霜降，冬雪雪冬小大寒。

三足鼎○　暴风骤○　触目○心

深似海　正本○源　空○足音

金鸡独○　大同○异　刺在背

○虫○朝菌　○心翼翼　○智如愚

势不两○　大○着眼　不明不○

第一部分 成语接长龙

四、知识链接

描写季节的成语

描写四季特有的风景、天气的成语很多,有些成语中含有各季节的名称,有的却需要我们明察秋毫,透过它的含意来准确地把握它们的运用,从而丰富我们的笔下写作与口头表达。

描写春天的成语	和风细雨 万物复苏 草长莺飞 生机勃勃	花红柳绿 万象更新 红杏出墙 雨丝风片	鸟语花香 万紫千红 绿肥红瘦	柳暗花明 桃红柳绿 风和日丽	莺歌燕舞 百花争妍 花团锦簇	杏花春雨 百花齐放 花明柳媚
描写夏天的成语	骄阳似火 挥汗如雨	赤地千里 汗流浃背	郁郁葱葱 汗如雨下	焦金流石 枝繁叶茂	沉李浮瓜 绿树成荫	吴牛喘月 聚蚊成雷
描写秋天的成语	西风落叶 雁过留声	西风残照 天高气爽	金风送爽 秋风落叶	金风玉露 秋高气和	五谷丰登 天朗气清	硕果累累
描写冬天的成语	冰天雪地 滴水成冰	粉妆玉琢 大雪纷飞	白雪皑皑 冰天雪地	寒冬腊月 数九寒天	寒气逼人 风刀霜剑	天寒地冻 雪兆丰年

 ## 歇后语成语接龙

首个成语来自于歇后语的后半部分，此后的成语以前一个成语中末尾的文字作为首字，依次连接形成接龙。

第一部分　成语接长龙

一、接龙示例

铁公鸡

一毛不拔 → 拔刀相助 → 助我张目 → 目无全牛 → 牛鼎烹鸡
鸡犬不闻 → 闻风而动 → 动如脱兔 → 兔死狐悲 → 悲喜交加
加人一等 → 等量齐观 → 观望风色 → 色艺双绝 → 绝无仅有

20岁的老头

少年老成 → 成人之美 → 美中不足 → 足智多谋 → 谋夫孔多
多管闲事 → 事不宜迟 → 迟暮之年 → 年轻力壮 → 壮志凌云
云游四方 → 方寸大乱 → 乱琼碎玉 → 玉树琼枝 → 枝叶扶疏

司马昭之心

路人皆知 → 知冷知热 → 热火朝天 → 天道酬勤 → 勤工俭学
学贯中西 → 西装革履 → 履霜知冰 → 冰雪聪明 → 明珠暗投
投机取巧 → 巧夺天工 → 工于心计 → 计出万全 → 全神贯注

鲤鱼吃水

吞吞吐吐 → 吐故纳新 → 新仇旧恨 → 恨恨不平 → 平步青云
云谲波诡 → 诡计多端 → 端本澄源 → 源源不断 → 断弦再续
续貂之尾 → 尾生之信 → 信口雌黄 → 黄道吉日 → 日中将昃

泥菩萨过河

自身难保 → 保国安民 → 民不聊生 → 生气勃勃 → 勃然大怒
怒火冲天 → 天昏地暗 → 暗无天日 → 日晒雨淋 → 淋漓尽致
致远任重 → 重男轻女 → 女中丈夫 → 夫唱妇随 → 随机应变

二、重点成语释义

yī máo bù bá
一毛不拔 一根汗毛也不肯拔,形容为人非常吝啬自私。
近义 斤斤计较　　反义 挥金如土
示例 他笔下的主人公是一个一毛不拔的守财奴。

niú dǐng pēng jī
牛鼎烹鸡 用煮一头牛的大锅煮一只鸡。比喻大材小用。
近义 大材小用　　反义 人尽其才
示例 新来的大学生被安排在打印室工作,这简直就是牛鼎烹鸡。

tù sǐ hú bēi
兔死狐悲 兔子死了,狐狸感到悲伤。比喻因同类的死亡而感到悲伤。
近义 物伤其类　　反义 幸灾乐祸
示例 老李和老陈虽然是竞争对手,但当老李出事之后,老陈心中不免升起兔死狐悲之感。

zú zhì duō móu
足智多谋 富有智慧,善于谋划。形容人善于料事和用计。
近义 运筹帷幄　　反义 束手无策
示例 足智多谋的诸葛亮让曹军闻风丧胆。

fāng cùn dà luàn
方寸大乱 指心绪非常烦乱。
近义 方寸已乱　　反义 镇定自若
示例 听到母亲去世的噩耗,她一下子方寸大乱。

zhī yè fú shū
枝叶扶疏 形容树木生长旺盛的样子。也比喻繁荣兴旺,条理分明。

第一部分 成语接长龙

- 近义 枝繁叶茂
- 反义 枯枝败叶
- 示例 公园道路两旁枝叶扶疏，绿意盎然。

tiān dào chóu qín
天道酬勤
上天会酬报勤奋的人。指下了苦工夫必然会有成就。
- 近义 勤能补拙
- 反义 好吃懒做
- 示例 我坚信天道酬勤，付出了努力终有获得回报的一天。

qiǎo duó tiān gōng
巧夺天工
夺：胜过。人工的精巧胜过天然。形容技艺十分巧妙。
- 近义 鬼斧神工
- 反义 粗制滥造
- 示例 这座公园的设计真是巧夺天工。

quán shén guàn zhù
全神贯注
全部精神集中在一点上。形容注意力高度集中。
- 近义 专心致志
- 反义 心不在焉
- 示例 她上课时全神贯注地听老师讲课。

píng bù qīng yún
平步青云
指人一下子升到很高的地位上去。
- 近义 飞黄腾达
- 反义 江河日下
- 示例 才几年时间，努力工作的他平步青云成为了公司的副总经理。

guǐ jì duō duān
诡计多端
形容坏主意很多。
- 近义 老奸巨猾
- 反义 厚德载物
- 示例 他这个人一肚子坏水，诡计多端，不值得信任。

xìn kǒu cí huáng
信口雌黄
古人用黄纸写字，写错了，用雌黄涂抹后改写。比喻不顾事实，随口乱说。

近义 信口开河　　反义 一言九鼎

示例 他总是信口雌黄，大家早已不相信他了。

民不聊生 mín bù liáo shēng

聊：依赖，凭借。指老百姓无以为生，活不下去。

近义 生灵涂炭　　反义 丰衣足食

示例 腐败的统治造成了民不聊生。

淋漓尽致 lín lí jìn zhì

形容文章或说话表达得非常充分、透彻，或非常痛快。

近义 酣畅淋漓　　反义 轻描淡写

示例 鲁迅的文章淋漓尽致地揭露了旧社会的黑暗现实。

随机应变 suí jī yìng biàn

机：时机，形势。随着情况的变化灵活机动地应付。

近义 投机取巧　　反义 墨守成规

示例 在球场上，我们要学会随机应变，才能取得胜利。

三、玩游戏学成语

1. 完成歇后语成语接龙。

老虎当和尚

第一部分 成语接长龙

2. 填成语补充歇后语。

千里通电话——

遥领先　辅相成　风唤雨　运而生

歇后语的后半部分是：_____

王羲之手书——

百里挑　白纸黑　气象万　众口铄

歇后语的后半部分是：_____

四、知识链接

歇后语的由来

歇后语是中国劳动人民自古以来在生活实践中创造的一种特殊的语言形式，是一种短小、风趣、形象的语句。它由前后两部分组成：前一部分起"引子"作用，像谜面；后一部分起"后衬"的作用，像谜底，是对前一部分的补充或解析。在一定的语言环境中，只要说出前半截，"歇"去后半截，人们就可以领会和猜想出这句话要表达的意思，所以就称之为歇后语。

歇后语是熟语的一种，也叫俏皮话，可以看作是一种文字游戏。歇后语由劳动人民在日常生活中创造，具有鲜明的民族特色和浓郁的生活气息，幽默风趣，耐人寻味。

最早出现"歇后语"这一名称是在唐代，但它作为一种语言形式和语言现象，却远在先秦时期就已经出现了。最初的歇后语与现今的歇后语在表现形式上并不相同，是对当时通用的成语、成句的省略，后来的歇后语在结构上呈现出"比喻——说明"的形式。

在源远流长的中华文明中，歇后语以其独特的表现力，给人以深思和启迪，凝聚了人民的智慧，展现了语言的魅力。

 性格描写成语接龙

以性格描写的成语作为开头，后面的成语以前一个成语中末尾的文字作为首字，依次连接形成接龙。

第一部分　成语接长龙

一、接龙示例

不温不火

不温不火 → 火烧眉毛 → 毛发之功 → 功成名就 → 就事论事
事不过三 → 三缄其口 → 口不择言 → 言为心声 → 声嘶力竭
竭尽全力 → 力能扛鼎 → 鼎鼎大名 → 名不虚传 → 传为笑柄

善解人意

善解人意 → 意料之外 → 外柔内刚 → 刚愎自用 → 用兵如神
神乎其神 → 神乎其技 → 技不如人 → 人心归一 → 一应俱全
全力以赴 → 赴汤蹈火 → 火上弄冰 → 冰清玉洁 → 洁白无瑕

自私自利

自私自利 → 利令智昏 → 昏头昏脑 → 脑满肠肥 → 肥马轻裘
裘马轻狂 → 狂妄自大 → 大功垂成 → 成百上千 → 千古美谈
谈虎色变 → 变化多端 → 端本正源 → 源远流长 → 长驱直入

宽以待人

宽以待人 → 人心惶惶 → 惶恐不安 → 安步当车 → 车水马龙
龙腾虎跃 → 跃马扬鞭 → 鞭长莫及 → 及肩之墙 → 墙头马上
上天入地 → 地无立锥 → 锥处囊中 → 中饱私囊 → 囊中羞涩

意气相投

意气相投 → 投其所好 → 好大喜功 → 功德无量 → 量出为入
入不敷出 → 出生入死 → 死里逃生 → 生生世世 → 世代书香
香气扑鼻 → 鼻息如雷 → 雷打不动 → 动静有常 → 常备不懈

033

二、重点成语释义

sān jiān qí kǒu
三缄其口

缄：封。形容说话谨慎。现在也用来形容不肯或不敢开口。

近义　默不作声　　反义　夸夸其谈

示例　面对老师的提问，他低着头三缄其口。

dǐng dǐng dà míng
鼎鼎大名

形容名气很大。

近义　名扬天下　　反义　无名鼠辈

示例　在后辈眼里，他是鼎鼎大名的艺术大师。

míng bù xū chuán
名不虚传

虚：假。传出的名声不是虚假的。指实在很好，不是空有虚名。

近义　名副其实　　反义　徒有虚名

示例　都说新疆地大物博，去过以后才知道果真名不虚传。

gāng bì zì yòng
刚愎自用

形容一个人过分自信，完全听取不了别人的意见，十分固执。

近义　固执己见　　反义　博采众长

示例　他一向刚愎自用，终有一天会吃大亏的。

quán lì yǐ fù
全力以赴

赴：前往。把全部力量都投入进去。

近义　竭尽全力　　反义　敷衍了事

示例　教室里静悄悄的，同学们都在全力以赴备战高考。

fù tāng dǎo huǒ
赴汤蹈火

沸水敢蹚，烈火敢踏。比喻不避艰险，奋勇向前。

近义　冲锋陷阵　　反义　贪生怕死

第一部分　成语接长龙

示例　无数革命先烈为了中华民族的解放事业赴汤蹈火，献出了宝贵的生命。

自私自利 zì sī zì lì
指私心很重，只为自己个人的利益做打算。
近义　假公济私　　**反义**　大公无私
示例　他这种自私自利的行为引起了公愤，大家都很鄙视他。

肥马轻裘 féi mǎ qīng qiú
裘：皮衣。肥壮的马匹，轻暖的皮衣。形容富裕阔绰的生活。
近义　腰缠万贯　　**反义**　家徒四壁
示例　她过着肥马轻裘的奢侈生活，但内心却很空虚。

谈虎色变 tán hǔ sè biàn
原指被老虎咬过的人才真正知道老虎的厉害。后泛指提起可怕的事情，脸色就变了。
近义　闻风丧胆　　**反义**　面不改色
示例　他在乡里横行霸道，听到他的名字，很多人就谈虎色变。

车水马龙 chē shuǐ mǎ lóng
车像流水，马像游龙。形容来往车马很多、连续不断的热闹情景。
近义　络绎不绝　　**反义**　门可罗雀
示例　曾经的荒凉小镇如今已经变成了车水马龙的大都市。

鞭长莫及 biān cháng mò jí
及：到。比喻相隔太远，力量达不到。
近义　爱莫能助　　**反义**　近水楼台
示例　远在外地上学的孩子生病了，着急的父母鞭长莫及，毫无办法。

中饱私囊 zhōng bǎo sī náng
中饱：从中得利。指侵吞经手的钱财使自己得利。
- 近义 雁过拔毛
- 反义 大公无私
- 示例 他经常利用职务之便中饱私囊，最终受到了法律的制裁。

投其所好 tóu qí suǒ hào
投：迎合；其：他，他的；好：爱好。迎合别人的喜好。
- 近义 阿谀奉承
- 反义 不卑不亢
- 示例 有些人为了讨领导的欢心，总是投其所好。

入不敷出 rù bù fū chū
敷：够，足。收入不够开支。
- 近义 寅吃卯粮
- 反义 量入为出
- 示例 这家企业由于经营不善，早已入不敷出了。

死里逃生 sǐ lǐ táo shēng
从极危险的境地中逃脱，幸免于死。
- 近义 九死一生
- 反义 坐以待毙
- 示例 他在一次大地震中死里逃生，捡回了一条命。

三、玩游戏学成语

1. 完成成语接龙。

第一部分　成语接长龙

2. 成语搭配连线。

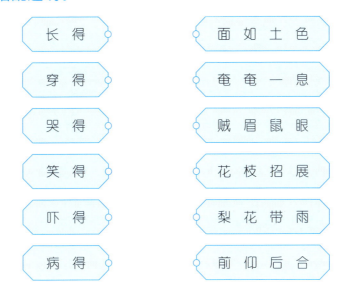

四、知识链接

描写人物的成语

成语是中国传统文化的一大精华，一般有固定的结构形式和说法，不能任意变动词序，抽换或增减其中的成分，简单的文字表意深刻。以下列举描写人物性格、容貌、服饰、体态、动作、气质等方面的成语，供大家学习和运用。

性格	疑神疑鬼	沉默寡言	动心忍性	蕙质兰心	侠骨柔肠	善解人意
	风趣横生	小心谨慎	多愁善感	淡泊明志	见利忘义	循规蹈矩
	乐善好施	豪放不羁	胆小怕事	慢条斯理	患得患失	刚正不阿
	优柔寡断					

容貌	贼眉鼠眼	朱唇皓齿	朱唇粉面	朱颜鹤发	一表人才	油头粉面
	仪表堂堂	艳如桃李	窈窕淑女	盈盈秋水	沉鱼落雁	人老珠黄
	花容月貌	秀色可餐	仙姿玉色	小家碧玉	相貌堂堂	闭月羞花
	国色天香	天生丽质	其貌不扬			

服饰	珠光宝气	衣冠楚楚	一丝不挂	雍容华贵	奇装异服	轻裘缓带
	披麻戴孝	红裙翠袖	凤冠霞帔	峨冠博带	赤身裸体	衣衫褴褛
	衣香鬓影					

体态	正襟危坐	牛高马大	仪态万千	英姿飒爽	心宽体胖	徐娘半老
	虎背熊腰	彪形大汉	亭亭玉立	昂首挺胸	铜筋铁骨	身强力壮
	瘦骨嶙峋	大腹便便	弱不禁风	袅袅婷婷	脑满肠肥	老态龙钟
	娇小玲珑	骨瘦如柴	风姿绰约			

动作	张牙舞爪	指手画脚	装神弄鬼	装腔作势	招摇过市	装模作样
	扬长而去	耀武扬威	眼疾手快	一声不响	席地而坐	健步如飞
	蜗行牛步	脱缰之马	兔起鹘落	东张西望	吞云吐雾	神出鬼没
	姗姗来迟	声嘶力竭	前仰后合			

气质	羽扇纶巾	雍容尔雅	玉树临风	仙风道骨	文质彬彬	温文尔雅
	武不善作	堂而皇之	气宇不凡	气宇轩昂	林下风范	落落大方
	举止不凡	豪放不羁	放荡不羁	放浪形骸	风流儒雅	风度翩翩
	风流倜傥	超凡脱俗	不拘小节			

第一部分　成语接长龙

情感表达成语接龙

以表达情感的成语作为首个成语，后面的成语以前一个成语中末尾的文字作为首字，依次连接形成接龙。

一、接龙示例

喜形于色 → 色中饿鬼 → 鬼斧神工 → 工力悉敌 → 敌众我寡
寡言少语 → 语笑喧哗 → 哗众取宠 → 宠辱不惊 → 惊人之举
举手投足 → 足尺加二 → 二分明月 → 月明星稀 → 稀里糊涂

怒气冲天 → 天长地久 → 久负盛名 → 名噪一时 → 时不再来
来日方长 → 长途跋涉 → 涉水登山 → 山南海北 → 北战南征
征名责实 → 实心实意 → 意料之中 → 中原逐鹿 → 鹿死谁手

乐极哀来 → 来之不易 → 易守难攻 → 攻其不备 → 备尝艰险
险象环生 → 生不如死 → 死气沉沉 → 沉鱼落雁 → 雁过拔毛
毛手毛脚 → 脚踏实地 → 地平天成 → 成家立计 → 计高一筹

怨字龙

怨声载道 → 道不拾遗 → 遗臭万年 → 年轻气盛 → 盛气凌人 →
人心惟危 → 危言耸听 → 听天由命 → 命中注定 → 定于一尊 →
尊师重教 → 教无常师 → 师道尊严 → 严防死守 → 守口如瓶

爱字龙

爱如己出 → 出乎意料 → 料事如神 → 神昏意乱 → 乱箭攒心 →
心猿意马 → 马首是瞻 → 瞻前顾后 → 后顾之忧 → 忧国忧民 →
民脂民膏 → 膏腴之地 → 地大物博 → 博采众长 → 长恶不悛

二、重点成语释义

guǐ fǔ shén gōng
鬼斧神工 像是鬼神制作出来的。形容艺术技巧高超，不是人力所能达到的。
- 近义 巧夺天工
- 反义 粗制滥造
- 示例 张家界的奇妙风光让我们领略了大自然的鬼斧神工。

chǒng rǔ bù jīng
宠辱不惊 宠：宠爱。受宠受辱都不在乎。指不因个人得失而动心。
- 近义 淡然置之
- 反义 受宠若惊
- 示例 他以一种宠辱不惊的态度面对生活中的得失。

jǔ shǒu tóu zú
举手投足 一抬手，一动脚，形容毫不费力。现泛指一举一动。
- 近义 轻而易举
- 反义 难于登天
- 示例 我帮你的忙不过是举手投足之劳，你完全不必放在心上。

第一部分　成语接长龙

jiǔ fù shèng míng
久负盛名
负：承受，承担，引申为享有。长期地享有好的名声。
- 近义　闻名遐迩　　反义　遗臭万年
- 示例　这所学校久负盛名，培养出了许多优秀的人才。

cháng tú bá shè
长途跋涉
指远距离地翻山渡水。形容路途遥远，行路辛苦。
- 近义　跋山涉水　　反义　寸步不行
- 示例　历经二万五千里的长途跋涉，红军三大主力终于胜利会师。

lù sǐ shéi shǒu
鹿死谁手
鹿：指猎取对象，比喻政权。比喻不知政权会落在谁的手里。现在泛指在竞赛中不知谁会取得最后的胜利。
- 近义　明争暗斗　　反义　和衷共济
- 示例　这次比赛高手如云，鹿死谁手还无定论。

gōng qí bù bèi
攻其不备
其：代词，指敌人。趁敌人还没有防备时进攻。
- 近义　出其不意　　反义　坐失良机
- 示例　我们要充分利用对方的弱点，攻其不备，先发制人。

chén yú luò yàn
沉鱼落雁
鱼见之沉入水底，雁见之降落沙洲。形容女子容貌美丽。
- 近义　闭月羞花　　反义　其貌不扬
- 示例　她不仅有沉鱼落雁之貌，而且还知书达理、才华横溢。

duàn wǎ cán yuán
断瓦残垣
形容建筑物倒塌残破的景象。
- 近义　残垣断壁　　反义　高楼大厦
- 示例　地震过后，这个城市到处都是断瓦残垣。

yí chòu wàn nián
遗臭万年 不好的名声一直流传下去，受人唾骂。

近义 臭名昭著　　反义 流芳百世

示例 做下这等祸国殃民之事，他必定会遗臭万年。

wēi yán sǒng tīng
危言耸听 指故意说些夸大的、吓人的话，使人吃惊、害怕。

近义 耸人听闻　　反义 好言好语

示例 我们的新闻工作者不能为了吸引听众的眼球而散布一些危言耸听的言论。

shǒu kǒu rú píng
守口如瓶 闭口不谈，像瓶口塞紧了一般。形容说话谨慎，严守秘密。

近义 三缄其口　　反义 和盘托出

示例 对于重要的会议内容，她一向守口如瓶。

luàn jiàn cuán xīn
乱箭攒心 乱箭一齐射在心上。比喻内心极度痛苦。

近义 乱箭穿心　　反义 喜笑颜开

示例 接二连三的打击有如乱箭攒心，让她伤心欲绝。

zhān qián gù hòu
瞻前顾后 瞻：向前看；顾：回头看。看看前面，又看看后面。形容考虑周到，做事谨慎。也形容顾虑太多，犹豫不决。

近义 犹豫不决　　反义 义无反顾

示例 小明做事总是瞻前顾后，错失了很多机会。

bó cǎi zhòng cháng
博采众长 博采：广泛搜集采纳。从多方面吸取各家的长处。

近义 集思广益　　反义 刚愎自用

示例 只有博采众长，才能创新求变。

第一部分　成语接长龙

三、玩游戏学成语

1. 完成成语接龙。

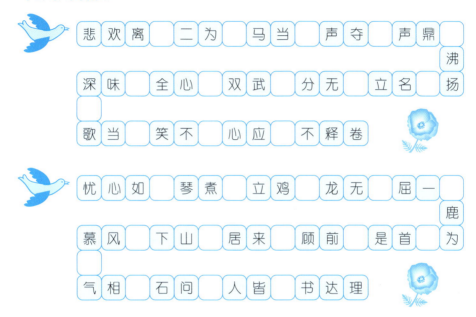

悲欢离□ □二为□ □马当□ □声夺□ □声鼎沸

深味□ □全心□ □双武□ □分无□ □立名□ □扬

歌当□ □笑不□ □心应□ □不释卷

忧心如□ □琴煮□ □立鸡□ □龙无□ □屈一鹿

慕风□ □下山□ □居来□ □顾前□ □是首为

气相□ □石问□ □人皆□ □书达理

2. 将成语归类。

眉开眼笑	愤愤不平	惊慌失措	欢天喜地	泣不成声	手舞足蹈	潸然泪下
兔死狐悲	暴跳如雷	怡然自得	怒发冲冠	拂袖而去	心惊胆战	热泪盈眶
诚惶诚恐	司马青衫	魂飞魄散	惊魂未定	勃然大怒	火冒三丈	呼天抢地
欢呼雀跃	面如土色	喜笑颜开				

描写高兴的成语＿＿＿＿＿＿＿＿＿＿＿＿＿＿＿＿＿＿＿＿

＿＿＿＿＿＿＿＿＿＿＿＿＿＿＿＿＿＿＿＿＿＿＿＿＿＿

描写生气的成语＿＿＿＿＿＿＿＿＿＿＿＿＿＿＿＿＿＿＿＿

＿＿＿＿＿＿＿＿＿＿＿＿＿＿＿＿＿＿＿＿＿＿＿＿＿＿

描写恐慌的成语 _____
_____

描写悲痛的成语 _____
_____

四、知识链接

表达人物情感的成语

成语简短精辟，但表意丰富，内涵深刻。以下列举思念、愤怒、快乐、忧愁、惊恐、悲伤六种表达人物情感的成语供大家学习和运用。

思念	朝思暮想 魂牵梦萦 念念不忘 春树暮云	一日三秋 室迩人远 落月屋梁 重温旧梦	望眼欲穿 人面桃花 望断天涯 白云亲舍	雪泥鸿爪 人去楼空 见鞍思马	望云之情 牵肠挂肚 魂牵梦绕	物是人非 望断白云 睹物思人
愤怒	义愤填膺 七窍生烟 怒目而视 火冒三丈	天怒人怨 拍案而起 恼羞成怒 愤愤不平	忍无可忍 怒火中烧 怒不可遏 大发雷霆	人怨神怒 怒目切齿 愤气填膺	千夫所指 怒发冲冠 令人发指	气冲斗牛 怒气冲天 雷霆之怒

第一部分　成语接长龙

快乐	沾沾自喜	转悲为喜	欢天喜地	哑然失笑	喜不自胜	心花怒放
	喜形于色	喜出望外	喜笑颜开	心满意足	笑容可掬	兴高采烈
	相得甚欢	忘其所以	天伦之乐	赏心悦目	手舞足蹈	双喜临门
	眉飞色舞	满面春风	乐而忘返			

忧愁	忧心忡忡	忧心如焚	郁郁寡欢	怨天尤人	千愁万绪	食不甘味
	食不下咽	愁山闷海	柔肠百结	闷闷不乐	借酒浇愁	愁肠九转
	回肠百转	愁思茫茫	九曲回肠	多愁善感	愁眉苦脸	长吁短叹
	愁肠百结	愁眉泪眼	唉声叹气			

惊恐	战战兢兢	战战栗栗	心惊胆战	心惊肉跳	心有余悸	相顾失色
	闻风丧胆	魂飞胆落	失魂落魄	人心惶惶	魂飞魄散	毛骨悚然
	面如土色	面面相觑	惊魂丧魄	魂不附体	骇目惊心	骨软筋酥
	大吃一惊	大惊失色	不寒而栗			

悲伤	摘胆剜心	心如刀割	心如刀绞	物伤其类	痛入骨髓	兔死狐悲
	痛不欲生	痛心入骨	痛哭流涕	万箭攒心	柔肠寸断	呼天抢地
	声泪俱下	泪如泉涌	死去活来	司马青衫	泣不可仰	泣数行下
	泣下沾襟	泣不成声	凄然泪下			

045

诗歌成语接龙

> 每列成语中首字为诗歌的相应内容。

一、接龙示例

寻隐者不遇

松	柏	后	凋	言	简	意	赅	只	争	朝	夕	云	集	响	应
下	坂	走	丸	师	老	兵	疲	在	所	不	辞	深	山	老	林
问	鼎	中	原	采	风	问	俗	此	起	彼	伏	不	闻	不	问
童	叟	无	欺	药	到	病	除	山	穷	水	尽	知	难	而	退
子	虚	乌	有	去	恶	从	善	中	流	砥	柱	处	心	积	虑

原诗句：松下问童子，言师采药去。只在此山中，云深不知处。

风

解	囊	相	助	能	说	会	道	过	关	斩	将	入	乡	随	俗
落	花	流	水	开	云	见	日	江	山	如	画	竹	篮	打	水
三	心	二	意	二	三	其	德	千	丝	万	缕	万	水	千	山
秋	后	算	账	月	缺	花	残	尺	短	寸	长	竿	头	日	进
叶	公	好	龙	花	拳	绣	腿	浪	迹	天	涯	斜	风	细	雨

原诗句：解落三秋叶，能开二月花。过江千尺浪，入竹万竿斜。

第一部分　成语接长龙

逢雪宿芙蓉山主人

日	薄	西	山	天	造	地	设	柴	米	油	盐	风	声	鹤	唳
暮	色	苍	茫	寒	蝉	仗	马	门	户	之	争	雪	中	送	炭
苍	翠	欲	滴	白	头	偕	老	闻	鸡	起	舞	夜	以	继	日
山	栖	谷	饮	屋	下	架	屋	犬	马	之	劳	归	去	来	兮
远	道	而	来	贫	贱	之	交	吠	非	其	主	人	心	难	测

原诗句：日暮苍山远，天寒白屋贫。柴门闻犬吠，风雪夜归人。

静夜思

床	上	安	床	疑	神	疑	鬼	举	世	瞩	目	低	三	下	四
前	途	未	卜	是	非	不	分	头	头	是	道	头	晕	眼	花
明	察	秋	毫	地	裂	山	崩	望	尘	莫	及	思	如	泉	涌
月	落	乌	啼	上	当	受	骗	明	察	暗	访	故	弄	玄	虚
光	明	磊	落	霜	露	之	感	月	值	年	灾	乡	风	慕	义

原诗句：床前明月光，疑是地上霜。举头望明月，低头思故乡。

梅花

墙	面	而	立	凌	波	微	步	遥	遥	相	望	为	虎	作	伥
角	巾	私	第	寒	窗	十	载	知	微	知	彰	有	张	有	弛
数	以	万	计	独	树	一	帜	不	假	思	索	暗	箭	难	防
枝	枝	节	节	自	告	奋	勇	是	非	曲	直	香	消	玉	减
梅	妻	鹤	子	开	怀	畅	饮	雪	上	加	霜	来	去	无	踪

原诗句：墙角数枝梅，凌寒独自开。遥知不是雪，为有暗香来。

047

二、重点成语释义

子虚乌有 zǐ xū wū yǒu
子虚：并非真实；乌有：没有。指假设的、不存在的、不真实的事情。

近义　海市蜃楼　　反义　铁证如山

示例　他说的那件事纯属子虚乌有，经不起推敲。

言简意赅 yán jiǎn yì gāi
话不多，但意思都有了。形容说话、写文章简明扼要。

近义　要言不烦　　反义　言之无物

示例　他的报告言简意赅，让人一目了然。

中流砥柱 zhōng liú dǐ zhù
比喻坚强的、起支柱作用的人物或集体。

近义　擎天柱石　　反义　枯木朽珠

示例　当年那些顽皮的小孩子如今已经成了国家建设的中流砥柱。

解囊相助 jiě náng xiāng zhù
囊：口袋。拿出财物帮助别人。

近义　拔毛济世　　反义　一毛不拔

示例　对于需要帮助的人，他经常解囊相助。

落花流水 luò huā liú shuǐ
原形容暮春景色衰败。后常用来比喻被打得大败。

近义　人仰马翻　　反义　得胜回朝

示例　在这次羽毛球比赛中，他被对手打得落花流水。

千丝万缕 qiān sī wàn lǚ
千条丝，万条线。形容一根又一根，数也数不清。现多形容相互之间种种密切而复杂的联系。

第一部分　成语接长龙

近义 盘根错节　　**反义** 井水不犯河水
示例 每个人与外界都会发生千丝万缕的联系。

fēng shēng hè lì
风声鹤唳

唳：鹤叫声。听到风声和鹤叫声，都怀疑是追兵。形容惊慌失措，或自相惊扰。

近义 草木皆兵　　**反义** 泰然自若
示例 畏罪潜逃的犯人风声鹤唳，一听到警车的声音就吓得浑身发抖。

wén jī qǐ wǔ
闻鸡起舞

听到鸡叫就起来舞剑。比喻有志之士及时奋发，刻苦自励。

近义 发愤图强　　**反义** 自暴自弃
示例 为了实现梦想，他闻鸡起舞，刻苦学习，终于成为闻名世界的大科学家。

jǔ shì zhǔ mù
举世瞩目

全世界的人都注视着，形容受到普遍关注。

近义 举世闻名　　**反义** 默默无闻
示例 中国的社会主义建设取得了举世瞩目的成就。

míng chá qiū háo
明察秋毫

秋毫：秋天鸟兽身上新长的细毛。原形容人目光敏锐，任何细小的事物都能看得很清楚。现在多用于形容人能洞察事理。

近义 洞若观火　　**反义** 不明所以
示例 他明察秋毫，一眼就识破了骗子的伎俩。

gù nòng xuán xū
故弄玄虚

故意玩弄花招，迷惑人，欺骗人。

近义 弄虚作假　　**反义** 实事求是
示例 他故弄玄虚，说到关键点上就三缄其口了。

wàng chén mò jí
望尘莫及 形容远远落在后面，赶不上。

- 近义 望尘不及
- 反义 迎头赶上
- 示例 他如此努力，取得的成就让我们望尘莫及。

wèi hǔ zuò chāng
为虎作伥 比喻充当恶人的帮凶。

- 近义 助纣为虐
- 反义 为民除害
- 示例 抗日战争时期，他经常为虎作伥，最终得到了应有的惩罚。

dú shù yī zhì
独树一帜 单独树起一面旗帜。比喻独特新奇，自成一家。

- 近义 与众不同
- 反义 亦步亦趋
- 示例 她提出的观点独树一帜，让人耳目一新。

xuě shàng jiā shuāng
雪上加霜 比喻接连遭受灾祸，损害越来越严重。

- 近义 祸不单行
- 反义 雪中送炭
- 示例 灾害刚过，又发生了疫情，对这里的老百姓来说真是雪上加霜。

三、玩游戏学成语

1. 把成语补充完整，让每列中填入的字可以组成一首古诗。

日做梦	袍加身	擒故纵	胜一筹
暮途穷	东狮吼	山恶水	善若水
依不舍	乡随俗	里迢迢	心一意

第一部分 成语接长龙

重水复 — 阔天空 — 应外合 — 峦叠嶂

心尽力 — 言蜚语 — 不识丁 — 空中阁

诗句内容：_____

2. 根据古诗中的首字将成语补充完整。

八阵图

功____	名____	江____	遗____
盖____	成____	流____	恨____
三____	八____	石____	失____
分____	阵____	不____	吞____
国____	图____	转____	吴____

3. 将成语填入诗词中，使诗词完整。

_____霜满天，江枫渔火对愁眠。

_____关不住，一枝_____来。

座中泣下谁最多？江州_____湿。

_____瞳瞳日，总把新桃换旧符。

去年今日此门中，_____相映红。

四、知识链接

诗词中的成语

历代文人的诗词是成语的重要来源之一。有的成语直接选自诗词中的部分内容,有的是经过截取或修改诗词中的内容而来,而有的则是一句完整的诗词。

悲欢离合——"人有悲欢离合,月有阴晴圆缺,此事古难全。"(苏轼《水调歌头》)

不拘一格——"我劝天公重抖擞,不拘一格降人才。"(龚自珍《己亥杂诗》)

曾经沧海难为水——"曾经沧海难为水,除去巫山不是云。"(元稹《离思》)

长风破浪——"长风破浪会有时,直挂云帆济沧海。"(李白《行路难》)

车水马龙——"还似旧时游上苑,车如流水马如龙。"(李煜《望江南》)

出将入相——"两朝出将复入相,五世叠鼓乘朱轮。"(崔颢《江畔老人愁》)

春风得意——"春风得意马蹄疾,一日看尽长安花。"(孟郊《登科后》)

春蚕到死丝方尽——"春蚕到死丝方尽,蜡炬成灰泪始干。"(李商隐《无题》)

二分明月——"天下三分明月夜,二分无赖是扬州。"(徐凝《忆扬州》)

粉身碎骨——"粉身碎骨浑不怕,要留清白在人间。"(于谦《石灰吟》)

更上层楼——"欲穷千里目,更上一层楼。"(王之涣《登鹳雀楼》)

火树银花——"火树银花合,星桥铁锁开。"(苏味道《正月十五夜》)

卷土重来——"江东子弟多才俊,卷土重来未可知。"(杜牧《题乌江亭》)

第一部分 成语接长龙

柳暗花明——"山重水复疑无路,柳暗花明又一村。"(陆游《游山西村》)

怒发冲冠——"怒发冲冠,凭栏处、潇潇雨歇。"(岳飞《满江红》)

扑朔迷离——"雄兔脚扑朔,雌兔眼迷离。"(佚名《木兰诗》)

千呼万唤——"千呼万唤始出来,犹抱琵琶半遮面。"(白居易《琵琶行》)

青梅竹马——"郎骑竹马来,绕床弄青梅。"(李白《长干行》)

曲径通幽——"曲径通幽处,禅房花木深。"(常建《题破山寺后禅院》)

石破天惊——"女娲炼石补天处,石破天惊逗秋雨。"(李贺《李凭箜篌引》)

似曾相识——"无可奈何花落去,似曾相识燕归来。"(晏殊《浣溪沙》)

四海为家——"今逢四海为家日,故垒萧萧芦荻秋。"(刘禹锡《西塞山怀古》)

天长地久——"天长地久有时尽,此恨绵绵无绝期。"(白居易《长恨歌》)

万紫千红——"等闲识得东风面,万紫千红总是春。"(朱熹《春日》)

为人作嫁——"苦恨年年压金线,为他人作嫁衣裳。"(秦韬玉《贫女》)

杳如黄鹤——"黄鹤一去不复返,白云千载空悠悠。"(崔颢《黄鹤楼》)

语不惊人死不休——"为人性僻耽佳句,语不惊人死不休。"(杜甫《江上值水如海势聊短述》)

壮志未酬——"壮志未酬三尺剑,故乡空隔万重山。"(李频《春日思归》)

作茧自缚——"人生如春蚕,作茧自缠裹。"(陆游《书叹》)

 # 名言警句成语接龙

每列成语中首字为名言警句的相应内容。

一、接龙示例

八仙过海，各显神通

八拜之交　　各抒己见
仙姿玉质　　显而易见
过刚则折　　神机妙算
海不扬波　　通宵达旦

宁为玉碎，不为瓦全

宁缺毋滥　　不痛不痒
为非作歹　　为期不远
玉树临风　　瓦解星飞
碎尸万段　　全心全意

读万卷书，行万里路

读书种子　　行之有效
万里无云　　万寿无疆
卷帙浩繁　　里应外合
书声琅琅　　路人皆知

第一部分　成语接长龙

路遥知马力，日久见人心

路见不平	日复一日
遥遥领先	久别重逢
知人之明	见死不救
马革裹尸	人心涣散
力敌万夫	心悦诚服

宝剑锋从磨砺出，梅花香自苦寒来

宝马香车	梅妻鹤子
剑拔弩张	花里胡哨
锋芒毕露	香消玉殒
从容不迫	自惭形秽
磨刀霍霍	苦心孤诣
砥节砺行	寒气逼人
出言不逊	来龙去脉

二、重点成语释义

各抒己见 gè shū jǐ jiàn
抒：抒发，发表。各人充分发表自己的意见。
近义　畅所欲言　　反义　噤若寒蝉
示例　老师的提问刚结束，孩子们就开始各抒己见。

神机妙算 shén jī miào suàn
惊人的机智，巧妙的计谋。形容善于估计复杂的变化的情势，决定策略。

| 近义 | 料事如神 | 反义 | 束手无策 |

示例　诸葛亮神机妙算，用计谋击败了敌人。

hǎi bù yáng bō
海不扬波

扬：扬起，翻腾。海面上没有波浪。比喻天下太平无事。

| 近义 | 风平浪静 | 反义 | 国无宁日 |

示例　大海真是变化莫测，有时波涛汹涌，有时海不扬波。

nìng quē wù làn
宁缺毋滥

宁可缺，也不能不顾质量，一味求多凑数。

| 近义 | 精益求精 | 反义 | 滥竽充数 |

示例　在选拔人才的时候，我们要遵循的一个原则是宁缺毋滥。

wéi fēi zuò dǎi
为非作歹

做种种坏事。

| 近义 | 作奸犯科 | 反义 | 安分守己 |

示例　他们为非作歹是要付出代价的。

xíng zhī yǒu xiào
行之有效

实行起来有成效。指某种方法或措施已经实行过，证明很有效用。

| 近义 | 卓有成效 | 反义 | 补劳无功 |

示例　经实践证明，这个方法是行之有效的，值得推广。

shū shēng láng láng
书声琅琅

形容读书声音响亮。

示例　早读时间，教室里书声琅琅。

yáo yáo lǐng xiān
遥遥领先

远远地走在最前面。

| 近义 | 一马当先 | 反义 | 一落千丈 |

第一部分　成语接长龙

> **示例**　她的成绩一直在班里遥遥领先。

马革裹尸 mǎ gé guǒ shī
用马皮包裹尸体。指军人在战场上战死。多用来表示英勇作战、为国捐躯的决心和气概。

> **近义**　为国捐躯　　**反义**　临阵脱逃
> **示例**　将士们宁愿马革裹尸，战死沙场，也不愿临阵脱逃，苟且偷生。

心悦诚服 xīn yuè chéng fú
发自内心的高兴，真心地服气。指真心地服气或服从。

> **近义**　心服口服　　**反义**　嗤之以鼻
> **示例**　他的论证充分，大家心悦诚服。

锋芒毕露 fēng máng bì lù
锐气和才华全都显露出来。多指人爱表现自己。

> **近义**　霸气外露　　**反义**　韬光养晦
> **示例**　做人要低调，不要锋芒毕露。

从容不迫 cóng róng bù pò
不慌不忙，沉着镇定。

> **近义**　不慌不忙　　**反义**　大惊失色
> **示例**　遇到问题时要从容不迫，千万不要惊慌失措。

来龙去脉 lái lóng qù mài
本指山脉的走势和去向。现比喻一件事的前因后果。

> **近义**　前因后果　　**反义**　无迹可寻
> **示例**　她将事情的来龙去脉原原本本地告诉了大家。

苦心孤诣 kǔ xīn gū yì
指苦心钻研，到了别人所达不到的地步。也指为寻求解决问题的办法而煞费苦心。

近义 煞费苦心　　反义 漫不经心
示例 他苦心孤诣地专注于自己的学术研究。

自惭形秽 zì cán xíng huì　因为自己不如别人而感到惭愧。

近义 自愧不如　　反义 唯我独尊
示例 因为比赛失利,他在对手面前显得有点自惭形秽。

三、玩游戏学成语

1. 补成语学名言(补全下列成语,并找出隐含在其中的名言警句)。

- 　之八九
- 　年有余
- 　大根深
- 　秀于林

- 　发百中
- 　轻力壮
- 　大招风
- 　来人往

名言警句:_____

- 自讨苦　
- 垂手可　
- 含辛茹　
- 秀外慧　
- 同甘共　

- 方面面
- 所欲为
- 山人海
- 纲上线
- 老珠黄

名言警句:_____

第一部分 成语接长龙

2. 根据名言警句中的首字将成语补充完整

黑发不知勤学早，白首方悔读书迟

黑	白
发	首
不	方
知	悔
勤	读
学	书
早	迟

3. 填成语，补全名言警句。

_____，更进一步。　　读书百遍，_____。

_____，焉得虎子。　　读万卷书，_____。

_____，寸有所长。　　敏而好学，_____。

_____，旁观者清。　　机不可失，_____。

四、知识链接

名言警句与成语

　　名言警句是指一些名人说的、写的，历史流传下来的，经过实践所得出的结论或建议，用于警世的比较有名的言语。有些典籍中的名言警句直接演变成了成语，成为汉语词汇中的重要组成部分。

精诚所至,金石为开。	《庄子·渔父》
老骥伏枥,志在千里。	《步出夏门行》
路遥知马力,日久见人心。	《争恩报》
靡不有初,鲜克有终。	《诗经》
谋事在人,成事在天。	《投梭记》
木秀于林,风必摧之。	《运命论》
宁为玉碎,不为瓦全。	《北齐书》
皮之不存,毛将焉附。	《左传》
千里之堤,溃于蚁穴。	《韩非子》
前事不忘,后事之师。	《战国策》
人非圣贤,孰能无过。	《左传》
人无远虑,必有近忧。	《论语》
人之将死,其言也善。	《论语》
失之东隅,收之桑榆。	《后汉书》
十年树木,百年树人。	《管子》
水能载舟,亦能覆舟。	《荀子》
水至清则无鱼,人至察则无徒。	《大戴礼记》
天网恢恢,疏而不漏。	《老子》
有则改之,无则加勉。	《论语》
玉不琢,不成器。	《礼记》
欲加之罪,何患无辞。	《左传》
知之为知之,不知为不知。	《论语》
只可意会,不可言传。	《庄子》
只要工夫深,铁杵磨成针。	《方舆胜览》

第一部分　成语接长龙

寓言、典故成语接龙

> 以出自寓言、典故的成语作为首个成语，后面的成语以前一个成语中末尾的文字作为首字，依次连接形成接龙。

一、接龙示例

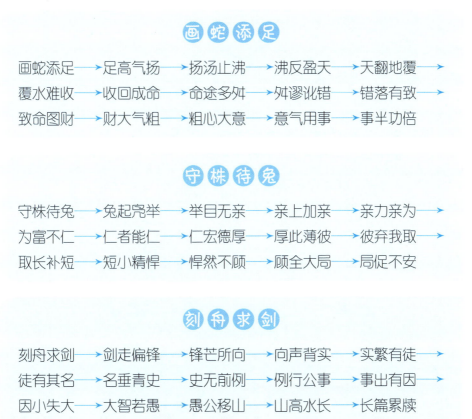

画蛇添足

画蛇添足→足高气扬→扬汤止沸→沸反盈天→天翻地覆→
覆水难收→收回成命→命途多舛→舛谬讹错→错落有致→
致命图财→财大气粗→粗心大意→意气用事→事半功倍

守株待兔

守株待兔→兔起凫举→举目无亲→亲上加亲→亲力亲为→
为富不仁→仁者能仁→仁宏德厚→厚此薄彼→彼弃我取→
取长补短→短小精悍→悍然不顾→顾全大局→局促不安

刻舟求剑

刻舟求剑→剑走偏锋→锋芒所向→向声背实→实繁有徒→
徒有其名→名垂青史→史无前例→例行公事→事出有因→
因小失大→大智若愚→愚公移山→山高水长→长篇累牍

负荆请罪

负荆请罪 → 罪大恶极 → 极目四望 → 望而生畏 → 畏畏缩缩 →
缩头缩脑 → 脑满肠肥 → 肥马轻车 → 车马盈门 → 门户之争 →
争奇斗艳 → 艳如桃李 → 李下瓜田 → 田连阡陌 → 陌路相逢

背水一战

背水一战 → 战战兢兢 → 兢兢业业 → 业精于勤 → 勤能补拙 →
拙嘴笨舌 → 舌燥口干 → 干净利落 → 落荒而逃 → 逃灾躲难 →
难兄难弟 → 弟瘦兄肥 → 肥头大耳 → 耳熟能详 → 详情度理

二、重点成语释义

huà shé tiān zú
画蛇添足 画蛇时给蛇添上脚。比喻做了多余的事,非但无益,反而弄巧成拙。

近义 多此一举　　反义 画龙点睛
示例 他的做法有点画蛇添足,让大家心生反感。

hè hè yǒu míng
赫赫有名 赫赫:显著盛大的样子。声名非常显赫。

近义 举世闻名　　反义 默默无闻
示例 爱迪生是一位赫赫有名的大发明家。

cái dà qì cū
财大气粗 指富有钱财,气派不凡。也指仗着钱财多而气势凌人。

近义 腰缠万贯　　反义 财匮才绌
示例 他中了大奖后,出手财大气粗。

第一部分　成语接长龙

守株待兔 shǒu zhū dài tù
比喻希望不经过努力就可得到成功的侥幸心理。也比喻死守狭隘经验，不知变通。
- **近义** 刻舟求剑
- **反义** 见风使舵
- **示例** 我们要通过自己的双手去创造美好的生活，而不能一味地守株待兔。

举目无亲 jǔ mù wú qīn
抬起眼睛，看不见一个亲人。比喻单身在外，人地生疏。
- **近义** 形影相吊
- **反义** 三亲六眷
- **示例** 为了生计，她独自一人来到这个举目无亲的大都市闯荡。

顾全大局 gù quán dà jú
指从整体的利益出发，个人利益服从集体利益。
- **近义** 统筹兼顾
- **反义** 各自为政
- **示例** 作为集体中的一员，我们要有顾全大局的意识。

刻舟求剑 kè zhōu qiú jiàn
比喻不知变通，不懂得根据实际情况处理问题。
- **近义** 墨守成规
- **反义** 审时度势
- **示例** 我们应吸取刻舟求剑故事中的教训，不断适应客观形势的变化。

大智若愚 dà zhì ruò yú
有才智的人不露锋芒，表现上看起来好像很愚笨。
- **近义** 大巧若拙
- **反义** 锋芒毕露
- **示例** 她给人一种大智若愚的感觉。

长篇累牍 cháng piān lěi dú
篇幅很长，内容很多的文章。
- **近义** 长篇大论
- **反义** 言简意赅
- **示例** 写文章要详略得当，不要长篇累牍。

成语益智游戏大全

fù jīng qǐng zuì
负荆请罪 背着荆条向对方请罪。表示主动向人认错赔罪。
- 近义 登门谢罪
- 反义 兴师问罪
- 示例 他误会了她,正打算向她负荆请罪呢。

wàng ér shēng wèi
望而生畏 畏:恐惧,害怕。看见了就害怕。
- 近义 望而却步
- 反义 无所畏惧
- 示例 那个人黑而峻厉的面孔,颇使我望而生畏。

zhēng qí dòu yàn
争奇斗艳 奇:奇异;艳:色彩鲜艳。形容百花竞放,十分艳丽。
- 近义 百花争艳
- 反义 万马齐喑
- 示例 春天,公园里各种花儿争奇斗艳,那才是美呢!

bèi shuǐ yī zhàn
背水一战 背水:背向水,表示没有退路。比喻与敌人决一死战。
- 近义 破釜沉舟
- 反义 所向披靡
- 示例 面对进退两难的局面,他只能选择背水一战了。

jīng jīng yè yè
兢兢业业 兢兢:小心谨慎的样子;业业:畏惧的样子。形容做事谨慎、勤恳。
- 近义 埋头苦干
- 反义 敷衍了事
- 示例 他工作兢兢业业,取得了优异的成绩。

ěr shú néng xiáng
耳熟能详 指听得多了,就能够说得很清楚、很详细。
- 近义 耳濡目染
- 反义 前所未闻
- 示例 这些耳熟能详的故事,孩子们听了很多遍还是听得津津有味。

064

第一部分 成语接长龙

三、玩游戏学成语

1. 完成成语接龙。

2. 根据成语选择相关人物连线。

四、知识链接

成语中的历史人物

历史典故是中国成语的重要来源之一，了解这些典故，有利于我们更好地理解和掌握这些成语。下面我们讲一些与历史人物有关的成语。

暗度陈仓（韩信）　　　　精忠报国（岳飞）
宝刀不老（黄忠）　　　　老当益壮（马援）
才高八斗（曹植）　　　　乐不思蜀（刘禅）
草木皆兵（苻坚）　　　　洛阳纸贵（左思）
初出茅庐（诸葛亮）　　　马革裹尸（马援）
单刀赴会（关羽）　　　　毛遂自荐（毛遂）
东窗事发（秦桧）　　　　囊萤映雪（车胤、孙康）
东山再起（谢安）　　　　破釜沉舟（项羽）
多多益善（韩信）　　　　七步成诗（曹植）
焚书坑儒（秦始皇）　　　七擒七纵（诸葛亮、孟获）
负荆请罪（廉颇、蔺相如）如鱼得水（刘备、诸葛亮）
高山流水（伯牙、钟子期）孺子可教（张良）
狗尾续貂（司马伦）　　　入木三分（王羲之）
刮目相看（吕蒙）　　　　三顾茅庐（刘备、诸葛亮）
画龙点睛（张僧繇）　　　手不释卷（刘秀）
讳疾忌医（蔡桓公）　　　四面楚歌（项羽）
江郎才尽（江淹）　　　　投笔从戎（班超）
金屋藏娇（刘彻）　　　　图穷匕见（荆轲）
惊弓之鸟（更羸）　　　　退避三舍（重耳）

第一部分　成语接长龙

完璧归赵（蔺相如）

万事俱备，只欠东风（周瑜、诸葛亮）

望梅止渴（曹操）

围魏救赵（孙膑）

闻鸡起舞（祖逖）

卧薪尝胆（勾践）

胸有成竹（文与可）

悬梁刺股（苏秦、孙敬）

言过其实（马谡）

一饭千金（韩信）

一鼓作气（曹刿）

一身是胆（赵云）

一字千金（吕不韦）

约法三章（刘邦）

凿壁偷光（匡衡）

指鹿为马（赵高）

第二部分

猜谜语 学成语

第二部分 猜谜语学成语

一、成语谜语

谜面为一个字、一个词、一句话或一句诗,根据谜面,可猜测出一个相关的成语。

1. 一字谜面

比(比比皆是)　　痨(积劳成疾)　　午(目无全牛)
蝉(自鸣得意)　　泪(颠三倒四)　　孺(孺子可教)
仃(人丁兴旺)　　辽(一走了之)　　苟(一丝不苟)
出(层峦叠嶂)　　骡(非驴非马)　　呀(唇齿相依)
高(槁木死灰)　　钼(见钱眼开)　　亚(有口难言)
孤(瓜田李下)　　奇(大有可为)　　一(接二连三)
柜(水到渠成)　　禽(手到擒来)　　杂(八九不离十)
害(操刀必割)　　曲(横三竖四)　　则(恻隐之心)
皇(白玉无瑕)　　十(纵横交错)　　债(匹夫有责)
筋(骨肉相连)　　田(挖空心思)　　中(不上不下)
近(匠心独运)　　忘(死心塌地)　　朱(珠玉在侧)
卷(手不释卷)　　桅(独木难支)　　主(一往无前)
卡(承上启下)　　文(失之交臂)　　兹(玄之又玄)
蔻(落草为寇)　　吴(天各一方)　　揍(东拼西凑)

2. 二字谜面

暗礁(深入浅出)　　初一(日新月异)　　坟墓(一抔黄土)
白卷(一纸空文)　　处方(对症下药)　　风筝(扶摇直上)
闭嘴(一言不发)　　春节(张灯结彩)　　恭候(以礼相待)
病友(患难之交)　　灯谜(可想而知)　　宏观(大处着眼)
插秧(以退为进)　　敌我(不共戴天)　　假眼(目不转睛)
冲奶(水乳交融)　　掉牙(不足挂齿)　　巨浪(大起大落)
抽血(一针见血)　　发夹(丝丝入扣)　　口信(空口无凭)

069

成语益智游戏大全

美梦（好景不长）　齐唱（异口同声）　相当（势均力敌）
默认（心照不宣）　杀鱼（遍体鳞伤）　焰火（五彩缤纷）
纳米（微乎其微）　推敲（字斟句酌）　雨披（一衣带水）
能手（无所不能）　危机（摇摇欲坠）　预约（有言在先）
徘徊（犹豫不决）　卧倒（五体投地）　整容（改头换面）
叛徒（背信弃义）　五指（三长两短）　仙乐（不同凡响）

3. 三字谜面

半身像（抛头露面）　独生子（一脉相承）
打边鼓（旁敲侧击）　二除七（不三不四）
苦瓜皮（坑坑洼洼）　肥皂泡（不攻自破）
毛坯房（空空如也）　刚断奶（乳臭未干）
木偶戏（装腔作势）　和氏璧（价值连城）
农产品（土生土长）　接力跑（后继有人）
跷跷板（此起彼伏）　开创者（开山鼻祖）
蛇爬行（弯弯曲曲）　刻印章（适得其反）
世界史（古今中外）　垃圾箱（藏垢纳污）
脱粒机（吞吞吐吐）　雷阵雨（电闪雷鸣）
飞行员（有机可乘）　灭九族（满门抄斩）
个体户（自负盈亏）　陌生人（非亲非故）
纸老虎（外强中干）　霓虹灯（五光十色）
猪八戒（肥头大耳）　墙头草（东摇西摆）
打算盘（挑拨离间）　求良药（自讨苦吃）
大孩子（童心未泯）　傻大姐（大大咧咧）
单相思（一厢情愿）　闪电战（速战速决）
弹簧秤（量力而为）　上刑场（束手待毙）
电灯泡（胆大心细）　探照灯（光芒万丈）

070

第二部分 猜谜语学成语

替罪羊（代人受过）　　演双簧（一唱一和）
铁公鸡（一毛不拔）　　一窝端（斩尽杀绝）
下战书（先礼后兵）　　口才好（伶牙俐齿）
新纪录（史无前例）　　走胡同（拐弯抹角）

4. 四字谜面

爱听爱看（喜闻乐见）　　古稀者众（人寿年丰）
暗中探索（偷偷摸摸）　　尽收眼底（一览无遗）
跋作序言（本末倒置）　　举重比赛（斤斤计较）
百货仓库（物以类聚）　　《聊斋志异》（鬼话连篇）
百货公司（应有尽有）　　零存整取（积少成多）
百米赛跑（急起直追）　　蜜饯黄连（同甘共苦）
包公断案（铁面无私）　　逆水划船（力争上游）
暴雨来临（雷厉风行）　　枪弹上膛（一触即发）
被迫认罪（屈打成招）　　清浊合流（泾渭不分）
闭门思过（独善其身）　　全面开荒（不留余地）
鞭炮响了（身败名裂）　　石榴成熟（皮开肉绽）
不怕中间（畏首畏尾）　　双手赞成（多此一举）
不幸坠机（飞来横祸）　　四通八达（头头是道）
传送密件（不可开交）　　我是仙人（自命不凡）
单方告别（一面之词）　　无舵之船（不由自主）
单线联系（知己知彼）　　五月芭蕉（粗枝大叶）
单项冠军（一技之长）　　游览手册（引人入胜）
盗亦有道（强词夺理）　　愚公之家（开门见山）
冬至已过（来日方长）　　玉器展览（琳琅满目）
翻砂造型（一模一样）　　再造乾坤（改天换地）
公用毛巾（面面俱到）　　赵括打仗（纸上谈兵）

5. 五字及以上谜面

矮子先进场	（高人一等）	拜在隐者门下	（师出无名）
暗中下围棋	（黑白不分）	爆竹响换春联	（弃旧图新）
白了少年头	（鹤发童颜）	刀出鞘弓上弦	（剑拔弩张）
半夜摸鱼虾	（暗中摸索）	绿巨人的四肢	（大手大脚）
报喜也报忧	（好说歹说）	玄德在蜀平安	（有备无患）
不考虑中间	（瞻前顾后）	八月夜里涛声急	（暗送秋波）
电锯开木头	（当机立断）	稗子挤在禾中间	（良莠不齐）
多看无滋味	（屡见不鲜）	半夜不怕鬼叫门	（心安理得）
空对空导弹	（见机行事）	边放鞭炮边打枪	（真假难辨）
快刀斩乱麻	（迎刃而解）	曹操举兵向蜀中	（攻其不备）
鲁达当和尚	（半路出家）	利息领取了九成	（一息尚存）
没关水龙头	（放任自流）	千歌万曲唱不尽	（其乐无穷）
女子组教练	（好为人师）	师父给我取名字	（徒有其名）
千里通电话	（遥相呼应）	唐僧去西天取经	（千辛万苦）
兔子请老虎	（寅吃卯粮）	天文学家观星斗	（司空见惯）
武大郎设宴	（高朋满座）	这山望着那山高	（见异思迁）
哑巴打手势	（不言而喻）	二三四五六七八九	（缺衣少食）
夜校出人才	（大器晚成）	五百年前的老槐树	（盘根错节）
一块变九块	（四分五裂）	悲鸿画马，伯乐来相	（按图索骥）
遇事不求人	（自力更生）	淡淡青山，盈盈秋水	（眉清目秀）
赤橙绿蓝紫	（青黄不接）		

6. 根据诗句猜成语

白云生处有人家。　　　　　　　　　　　　　　（空中楼阁、深居简出）

不识庐山真面目，只缘身在此山中。　　　　　　　　　　（当局者迷）

第二部分　猜谜语学成语

不知何处是他乡。　　　　　　　　　　　　　　　　　　（四海为家）

待到重阳日，还来就菊花。　　　　　　　　　　　　　　（后会有期）

到黄昏，点点滴滴。　　　　　　　　　　　　　　　　　（下落不明）

独在异乡为异客。　　　　　　　　　　　　　　　　　　（举目无亲）

飞流直下三千尺。　　　　　　　　　　　　　　　　　　（山高水长）

高堂明镜悲白发。　　　　　　　　　　　　　　　　　　（顾影自怜）

好雨知时节，当春乃发生。　　　　　　　　　　　　　　（风调雨顺）

花谢花飞花满天。　　　　　　　　　　　　　　　　　　（落英缤纷）

黄河之水天上来。　　　　　　　　　　　　　（天作之合、源远流长）

举头望明月，低头思故乡。　　　　　　　　　　　　　　（触景生情）

卷我屋上三重茅。　　　　　　　　　　　　　　　　　　（风吹草动）

君王掩面救不得。　　　　　　　　　　　　　　　　　　（爱莫能助）

明月何时照我还？　　　　　　　　　　　　　　　　　　（衣锦还乡）

凭君传语报平安。　　　　　　　　　　　　　　　　　　（言而无信）

千里江陵一日还。　　　　　　　　　　　　　　　　　　（一日千里）

说尽心中无限事。　　　　　　　　　　　　　　　　　　（畅所欲言）

桃花潭水深千尺，不及汪伦送我情。　　　　　　　　　　（无与伦比）

天涯何处无芳草。　　　　　　　　　　　　　　　　　　（不毛之地）

危楼高百尺。　　　　　　　　　　　　　　　　　　　　（高不可攀）

相逢何必曾相识。　　　　　　　　　　　　　　　　　　（一见如故）

小荷才露尖尖角。　　　　　　　　　　　　　　　　　　（初露锋芒）

野火烧不尽，春风吹又生。　　　　　　　　　　　　　　（死而复生）

于无声处听惊雷。　　　　　　　　　　　　　　　　　　（不同凡响）

欲穷千里目，更上一层楼。　　　　　　　　　　　　　　（高瞻远瞩）

朱门酒肉臭，路有冻死骨。　　　　　　　　　　　　　　（天壤之别）

二、重点成语释义

shuǐ dào qú chéng
水到渠成 水流到的地方自然形成一条水道。比喻条件成熟,事情自然会成功。
- 近义 瓜熟蒂落　　反义 功败垂成
- 示例 他平时工作踏实认真,所以这次升职是水到渠成的事情。

shǒu bù shì juàn
手不释卷 释:放下;卷:指书籍。书本不离手,形容勤奋好学。
- 近义 开卷有益　　反义 一曝十寒
- 示例 为了冲刺高考,半年来她手不释卷。

dà yǒu kě wéi
大有可为 指有广阔的发展前景,可以施展能力,有所作为。
- 近义 大有作为　　反义 碌碌无为
- 示例 农村拥有广阔的空间,大学生立足农村大有可为。

chún chǐ xiāng yī
唇齿相依 像嘴唇和牙齿那样互相依靠。比喻关系密切,相互依靠。
- 近义 休戚相关　　反义 势不两立
- 示例 这两个国家山水相连,唇齿相依,只有和平共处才能求得发展。

zhū yù zài cè
珠玉在侧 指在仪表、才德出众的人身旁自愧不如。
- 近义 自愧不如　　反义 目空一切
- 示例 他太优秀了,让我觉得珠玉在侧,汗颜至极。

shēn rù qiǎn chū
深入浅出 指讲话或文章的内容深刻,但表达得浅显易懂。

第二部分 猜谜语学成语

近义 通俗易懂　　**反义** 隐晦曲折
示例 教授的报告分析得深入浅出，让我们一看就明白。

wǔ tǐ tóu dì
五体投地

两肘、两膝和额头同时着地。泛指跪拜。现在也用来形容佩服到了极点。

近义 顶礼膜拜　　**反义** 嗤之以鼻
示例 工匠们高超的技艺让我们佩服得五体投地。

zhuāng qiāng zuò shì
装腔作势

拿腔拿调，故作姿态。

近义 装模作样　　**反义** 落落大方
示例 我很不喜欢那种装腔作势的人。

jǔ yī fǎn sān
举一反三

比喻从一件事情以此类推而知道其他许多事情。

近义 触类旁通　　**反义** 不求甚解
示例 在运用知识的过程中，我们要学会举一反三。

shú mén shú lù
熟门熟路

对门户和道路十分熟悉。也泛指对情况十分熟悉、了解。

近义 轻车熟路　　**反义** 人地两生
示例 在这家公司待了10年，他对这里的管理流程已经熟门熟路了。

miàn miàn xiāng qù
面面相觑

你看我，我看你，不知道如何是好。形容惊恐、紧张、尴尬或束手无策的样子。

近义 瞠目结舌　　**反义** 从容不迫
示例 面对突如其来的变故，大家一时之间面面相觑，不知道如何处理。

挑拨离间 tiǎo bō lí jiàn
搬弄是非，使别人不团结。
- **近义** 搬弄是非
- **反义** 精诚团结
- **示例** 真正的友谊是经得起别人的挑拨离间的。

雷厉风行 léi lì fēng xíng
像打雷那样猛烈，像刮风那样快。形容政策、法令执行严格迅速，也形容办事声势大，行动迅速。
- **近义** 大刀阔斧
- **反义** 拖泥带水
- **示例** 他雷厉风行的作风在工作中取得了良好的效果。

强词夺理 qiǎng cí duó lǐ
强词：强辩；夺：争。指无理强辩，明明没理硬说有理。
- **近义** 蛮横无理
- **反义** 据理力争
- **示例** 她分明做错了，却还在强词夺理。

知己知彼 zhī jǐ zhī bǐ
对对方和自己的情况都有透彻的了解。
- **近义** 胸中有数
- **反义** 心中无数
- **示例** 在比赛前我们要深入全面了解对手，知己知彼方能取得胜利。

纸上谈兵 zhǐ shàng tán bīng
在纸面上谈论打仗。比喻空谈理论，不能解决实际问题。
- **近义** 夸夸其谈
- **反义** 脚踏实地
- **示例** 他理论知识丰富，但缺少实战经验，只会纸上谈兵。

当机立断 dāng jī lì duàn
当机：抓住时机。在紧要时刻立即做出决断。
- **近义** 斩钉截铁
- **反义** 优柔寡断
- **示例** 突遇暴雨，校长当机立断停止了正在操场上举行的校庆表演。

第二部分 猜谜语学成语

liáng yǒu bù qí
良莠不齐
莠：一种很像谷子的草，比喻品质坏的人。指好人、坏人混杂在一起。

近义 鱼龙混杂　　**反义** 泾渭分明

示例 由于没有质检保障，工人们生产的产品良莠不齐。

dà qì wǎn chéng
大器晚成
大的或贵重的器物需要长时间加工才能完成。后指能干大事的人，成就较晚。

近义 百炼成钢　　**反义** 年轻有为

示例 50岁那一年，他的研究成果终于面世了，他真可谓是大器晚成啊。

sī kōng jiàn guàn
司空见惯
指某事常见，不足为奇。

近义 习以为常　　**反义** 绝无仅有

示例 高温在重庆的夏天是司空见惯的。

kōng zhōng lóu gé
空中楼阁
比喻虚构的事物或脱离实际的空想。

近义 海市蜃楼　　**反义** 脚踏实地

示例 如果不能脚踏实地努力奋斗，梦想就会成为空中楼阁。

gù yǐng zì lián
顾影自怜
看着自己的影子，怜惜自己或觉得自己可爱。原形容孤独失意的样子，现指自我欣赏。

近义 孤芳自赏　　**反义** 得意忘形

示例 中秋夜，远离家人的她顾影自怜地流着眼泪。

wú yǔ lún bǐ
无与伦比
伦比：类比，匹敌。指事物非常完美，没有能跟它相比的。

近义 无可比拟　　反义 不相上下

示例 北京奥运会开幕式真是无与伦比。

gāo zhān yuǎn zhǔ
高瞻远瞩　站得高，看得远。比喻眼光远大。

近义 深谋远虑　　反义 鼠目寸光

示例 只有高瞻远瞩，才能着眼全面，作出正确的决策。

三、玩游戏学成语

1. 根据数字猜成语。

9÷9=1　　　　　　　归 一

1%　　　　　　　里 挑

1+2+3　　　　　　接 连

125　　　　　　　丢 落

1000^2=100×100×100　　方 计

3.5　　　　　　　不 不

5 10　　　　　　　一 一

2. 填成语，找规律。

自 荐　　好 龙　　效 颦

移 山　　三 迁　　舞 剑

追 日　　吴 下　　才 尽

规律：_____

第二部分 猜谜语学成语

3. 填成语，找出动植物的名称（把成语补充完整，并把填充的动植物名称填在后面的横线上）。

四、知识链接

谜语小知识

谜语主要指暗射事物或文字等供人猜测的隐语，也可引申为蕴含奥秘的事物。它起源于中国古代民间，是古代劳动人民集体智慧创造的文化产物，历经数千年的演变和发展，经久不衰。2008年6月7日，谜语经国务院批准列入第二批国家级非物质文化遗产名录。

谜语一般由谜面、谜目和谜底三部分组成。谜面是用文字、图形、实物、符号、数字等形式，表达、描绘事物的形象、性质、功能等特征，内容简洁明快。谜目是给谜底限定的范围，给人指明猜测的方向。谜底也就是谜面的答案，一般来说字数较少。如谜语：

　　谜语根据谜底的性质可以分为两类：一类叫事物谜，就是我们常说的谜语；另一类叫文义谜，也就是我们常说的灯谜。事物谜的谜底大多是我们生活中常见常用的"事"和"物"，比如动物、植物、各种器具、用品、人体器官、自然现象、宇宙天体等。文义谜的谜底是表达任何一种意义的文字，包括单字、各种词语、词组、短句等，范围广泛。

第三部分

填文字 品成语

一、成语填字

正确地填写空格中缺少的字,组成成语图阵。

1. 成语:<u>小肚鸡肠　小心翼翼　小丑跳梁　小巧玲珑</u>

2. 成语:<u>一贫如洗　一气呵成　一视同仁　洗耳恭听　成家立业</u>

3. 成语:<u>安之若命　命若悬丝　安营扎寨　安居乐业</u>

第三部分 填文字品成语

	蛾	扑	火
鸡		狗	跳
六	月		霜
劳	燕	分	

4. 成语：飞蛾扑火　鸡飞狗跳　六月飞霜　劳燕分飞

万	家	灯	
刀	耕		种
烽		连	天
	鼠	冰	蚕

5. 成语：万家灯火　刀耕火种　烽火连天　火鼠冰蚕

	才	福	劳	明	好	
谈		星	苦	镜		歌
阔	智		功		骛	猛
论	广	照		悬	远	进

6. 成语：高谈阔论　才高智广　福星高照　劳苦功高　明镜高悬　好高骛远　高歌猛进

7. 成语：含辛茹苦　日暮途穷　当务之急　得过且过　众望所归　如获至宝　前车之鉴　高屋建瓴

8. 成语：<u>本末倒置　无稽之谈　救死扶伤　地角天涯　敬而远之
前赴后继　劫后余生</u>

9. 成语：<u>放浪不羁　催人泪下　屠龙之技　两肋插刀　立锥之地
如履平地　成一家言　借花献佛</u>

10. 成语：<u>去伪存真　真才实学　学以致用　物尽其用　礼贤下士
饱学之士　士饱马腾</u>

第三部分 填文字品成语

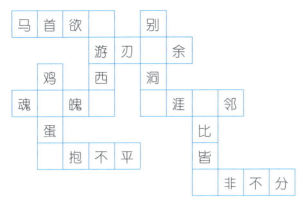

11. 成语: 马首欲东　东游西荡　魂飞魄荡　鸡飞蛋打　打抱不平
游刃有余　别有洞天　天涯比邻　比比皆是　是非不分

12. 成语: 围魏救赵　瓦器蚌盘　百思不解　魏紫姚黄　说黄道黑
白黑不分　思绪万千　瓦解冰消　冰消雾散　雾里看花　五谷不分
柳绿花红　五音不全　不分青红皂白　青黄不接　指皂为白　白璧无瑕
移花接木　绿草如茵　浩如烟海　海枯石烂

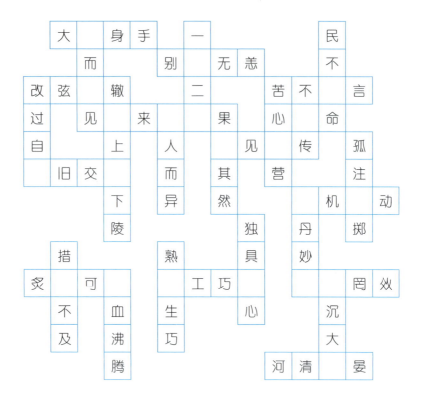

13. 成语：大显身手 显而易见 改弦易辙 改过自新 新旧交替
上替下陵 炙手可热 措手不及 热血沸腾 一来二去 别来无恙
来因去果 因人而异 果不其然 熟能生巧 能工巧匠 独具匠心
苦心经营 苦不堪言 民不堪命 不见经传 孤注一掷 灵机一动
灵丹妙药 药石罔效 石沉大海 河清海晏

二、重点成语释义

小肚鸡肠 xiǎo dù jī cháng　比喻器量狭小，只考虑小事，不照顾大局。

　　近义 睚眦必报　　反义 宽宏大量
　　示例 他为人总是小肚鸡肠，所以没有人愿意和他交朋友。

第三部分 填文字品成语

一气呵成 yī qì hē chéng
呼出一口气就完成了。形容诗文、绘画一次创作完成,气势流畅贯通。也比喻做一件事安排紧凑,迅速不间断地完成。

近义 一挥而就　　**反义** 断断续续

示例 经过深思熟虑地构思,他一气呵成画出了这幅画。

洗耳恭听 xǐ ěr gōng tīng
指专心而恭敬地听人讲话。常用作请人讲话的客气话。

近义 倾耳细听　　**反义** 充耳不闻

示例 大家洗耳恭听,等着专家开始演讲。

命若悬丝 mìng ruò xuán sī
性命就像悬挂在一根细丝上一样。比喻生命垂危或处境十分危险。

近义 危在旦夕　　**反义** 生机勃勃

示例 为了保护同志的安全,他被敌人折磨得命若悬丝也不吐露半点消息。

飞蛾扑火 fēi é pū huǒ
飞蛾扑到火上。比喻自取灭亡。

近义 自投罗网　　**反义** 明哲保身

示例 他的举动无异于飞蛾扑火。

烽火连天 fēng huǒ lián tiān
形容战火遍及各地。

近义 狼烟四起　　**反义** 歌舞升平

示例 在烽火连天的战争年代,人们经常食不果腹。

高谈阔论 gāo tán kuò lùn
高:高深;阔:广阔。多指不着边际地大发议论。

近义 夸夸其谈　　**反义** 沉默寡言

示例 他总喜欢在人多的时候高谈阔论。

好高骛远 hào gāo wù yuǎn
好：喜欢；骛：追求。比喻不切实际地追求过高过远的目标。
- 近义 好大喜功
- 反义 脚踏实地
- 示例 在学习和工作中，我们都要脚踏实地，千万不要好高骛远。

含辛茹苦 hán xīn rú kǔ
辛：辣；茹：吃。形容忍受辛苦或吃尽辛苦。
- 近义 饱经风霜
- 反义 养尊处优
- 示例 她含辛茹苦地工作，把孩子们培育得个个都很有出息。

高屋建瓴 gāo wū jiàn líng
从高屋脊上往下倒瓶子里的水。比喻居高临下、不可阻挡的形势。也比喻能把握全局，轻松驾驭。
- 近义 居高临下
- 反义 螳臂当车
- 示例 毛主席洞察全局，以高屋建瓴的魄力领导中国人民取得了革命的胜利。

如获至宝 rú huò zhì bǎo
至：极，最。好像得到极珍贵的宝物。形容对所得到的东西非常珍视喜爱。
- 近义 喜出望外
- 反义 如丧考妣
- 示例 女儿的出生，让他如获至宝。

无稽之谈 wú jī zhī tán
无稽：无法考查。没有根据的说法。
- 近义 天方夜谭
- 反义 言之凿凿
- 示例 不努力就想获得成功，这完全是无稽之谈。

前赴后继 qián fù hòu jì
前面的冲上去了，后面的紧跟上来。形容不断投入战斗，奋勇冲杀向前。

第三部分　填文字品成语

- 近义　勇往直前　　反义　瞻前顾后
- 示例　为了新中国的建立,无数的先烈前赴后继,推翻了三座大山。

fàng làng bù jī
放浪不羁
羁：约束。放纵任性,不受约束。
- 近义　不拘形迹　　反义　规行矩步
- 示例　他放浪不羁的行为受到了老师严厉的批评。

lì zhuī zhī dì
立锥之地
插锥尖的地方。形容极小的一块地方。也指极小的安身之处。
- 近义　一席之地　　反义　无边无际
- 示例　他穷得上无片瓦,下无立锥之地,只能靠着救济金过日子。

liǎng lèi chā dāo
两肋插刀
肋：胸部的侧面。指为朋友敢于冒险,甘愿做出很大的牺牲。形容重情重义。
- 近义　赴汤蹈火　　反义　为虎作伥
- 示例　为朋友两肋插刀一定要先了解事实真相,避免为虎为伥。

lǐ xián xià shì
礼贤下士
下：降低身份与人交往。对有才有德的人以礼相待,降低身份与之结交。
- 近义　以礼待人　　反义　盛气凌人
- 示例　他虽身居高位,但能礼贤下士,很受群众的爱戴。

yóu rèn yǒu yú
游刃有余
比喻工作熟练,有实际经验,解决问题毫不费事。
- 近义　得心应手　　反义　一筹莫展

> **示例** 对于这样的小型活动，他的组织能力游刃有余。

思绪万千 sī xù wàn qiān

形容想法很多。

> **近义** 千头万绪　　**反义** 一片空白
>
> **示例** 踏上回乡的路，这位几十年漂泊在外的老先生一时间思绪万千。

青黄不接 qīng huáng bù jiē

庄稼还未成熟，陈粮已经吃完。比喻新旧不能衔接或后继的财力、物力、人力等中断，接续不上。

> **近义** 难以为继　　**反义** 丰衣足食
>
> **示例** 学校的教师队伍如果长期青黄不接，将直接影响教学质量。

移花接木 yí huā jiē mù

把一种花木的枝条或嫩芽嫁接在另一种花木上。比喻暗中用手段更换人或事物来欺骗别人。

> **近义** 偷梁换柱　　**反义** 一以贯之
>
> **示例** 这种移花接木的手段只能一时蒙骗客户，不能从根本上解决问题。

百思不解 bǎi sī bù jiě

百：多次；解：理解。反复思考也无法理解。

> **近义** 迷惑不解　　**反义** 恍然大悟
>
> **示例** 这道数学题，我百思不解，在同学的提示下才豁然开朗。

海枯石烂 hǎi kū shí làn

海水干涸，石头风化成土。形容历时久远。多用作誓言，表示不论多久，人的意志（多指感情）永远不变。

第三部分　填文字品成语

近义　天长地久　　反义　朝三暮四
示例　海枯石烂的未来太遥远，我们唯有珍惜当下的生活才是正道。

大显身手 dà xiǎn shēn shǒu
显：表露，表现；身手：指本领。充分显示出本领和才能。
近义　大展宏图　　反义　束手无策
示例　每年的艺术节都是孩子们大显身手的时候。

炙手可热 zhì shǒu kě rè
炙：烤。手一靠近就感觉很烫。比喻权势大，气焰盛。
近义　烜赫一时　　反义　门庭冷落
示例　在众多的高考志愿中，她最后选择了炙手可热的金融专业。

能工巧匠 néng gōng qiǎo jiàng
能：有能力的；巧：技术高明的。指技术高明的工匠。
近义　良工巧匠　　反义　酒囊饭袋
示例　阿房宫的建造凝聚了当年能工巧匠们的智慧。

不见经传 bù jiàn jīng zhuàn
经传上没有这样的记载。指缺乏文献根据。也指人或事物没有名气。
近义　默默无闻　　反义　大名鼎鼎
示例　尽管出版了两部小说，但他在文学界还是不见经传的无名小辈。

孤注一掷 gū zhù yī zhì
比喻用尽全力冒险一搏，以求侥幸成功。
近义　铤而走险　　反义　举棋不定
示例　为了赚钱，他孤注一掷，把所有的资金都投入了股市。

líng dān miào yào
灵丹妙药 神妙有效、可以治百病的丹药。也比喻可以解决所有问题的办法。

近义 锦囊妙计　　反义 无计可施

示例 世界上并不存在所谓的灵丹妙药。

hé qīng hǎi yàn
河清海晏 河：黄河；晏：平静。黄河水清了，大海没有浪了。比喻天下太平。

近义 国泰民安　　反义 兵荒马乱

示例 身处河清海晏的太平盛世，老百姓过上了安居乐业的生活。

三、玩游戏学成语

1. 在下图中，填入恰当的字，使之变成成语。

课程表							
			语	文			
			数	学			
			英	语			
			化	学			
			物	理			
			生	物			
			政	治			
			地	理			
			音	乐			

第三部分 填文字品成语

2. 填成语，拼人名（填入的字可以组成经典文学作品中的人物）。

- 言　意赅　｜　不释手
- 众所　知　｜　艰苦　素　｜　春色满
- 变本　厉　｜　日薄　山　｜　衷一是　｜　变化　端
- 点头　腰　｜　薄　多销　｜　澜壮阔　｜　大错　错
- 门　绣户　｜　风和日　｜　枯枝败
- 不停蹄　｜　不拘　节　｜　上窜下
- 鸡毛蒜　｜　开肉绽　｜　登山小

3. 填成语，找出十二生肖。

- 目寸光 → 刀小试
- 口逃生 → 死狐悲
- 飞凤舞 → 蝎心肠
- 齿徒增 → 入虎口
- 年马月 → 犬不宁
- 急跳墙 → 朋狗友

十二生肖的顺序为：_____

4. 填文字，补充成语。

四、知识链接

中国古代经典著作中的成语（一）

《三十六计》是指中国古代的36个兵法策略，语源于南北朝，成书于明清。其作者无法考证，它是集合百家兵法所长而成的一部独立兵书，是中华民族悠久非物质文化遗产之一。这些兵法策略历经社会的变迁，越来越被大众熟知，大部分演变成了成语，被人们广泛使用。

第三部分　填文字品成语

第 1 计　瞒天过海
第 2 计　围魏救赵
第 3 计　借刀杀人
第 4 计　以逸待劳
第 5 计　趁火打劫
第 6 计　声东击西
第 7 计　无中生有
第 8 计　暗度陈仓
第 9 计　隔岸观火
第 10 计　笑里藏刀
第 11 计　李代桃僵
第 12 计　顺手牵羊
第 13 计　打草惊蛇
第 14 计　借尸还魂
第 15 计　调虎离山

第 16 计　欲擒故纵
第 17 计　抛砖引玉
第 18 计　擒贼擒王
第 19 计　釜底抽薪
第 20 计　浑水摸鱼
第 21 计　金蝉脱壳
第 23 计　远交近攻
第 24 计　假道伐虢
　　　　（假道灭虢）
第 25 计　偷梁换柱
第 26 计　指桑骂槐
第 27 计　假痴不癫
第 30 计　反客为主
第 36 计　（走为上计）

第四部分

成语之"最"

第四部分 成语之"最"

一、成语之"最"

根据前面的"最话",推测出相应的成语。

最高超的技术—— 鬼斧神工
最爱工作的人—— 废寝忘食
最爱学习的人—— 如饥似渴
最安静的地方—— 万籁俱寂
最昂贵的稿费—— 一字千金
最宝贵的话—— 金玉良言
最悲惨的世界—— 惨不忍睹
最本分的人—— 安分守己
最惨的结局—— 一败涂地
最差的技术—— 黔驴技穷
最差的视力—— 鼠目寸光
最差的凭据—— 不足为凭
最差劲的回答—— 哑口无言
最差劲的买卖—— 不惜工本
最长的句子—— 文不加点
最长的时间—— 千秋万代
最长的寿命—— 万寿无疆
最长的文章—— 有头无尾
最长的夜晚—— 长夜难明
最长的一天—— 度日如年
最长的议论文—— 长篇大论
最彻底的变化—— 天翻地覆
最彻底的劳动—— 斩草除根
最彻底的美容术—— 面目全非
最成功的外科手术—— 狗尾续貂

最诚实的人—— 心口如一
最蠢的小偷—— 掩耳盗铃
最错的追求—— 南辕北辙
最大的被子—— 铺天盖地
最大的步子—— 一步登天
最大的差别—— 天壤之别
最大的胆量—— 胆大包天
最大的地方—— 无边无际
最大的赌注—— 一掷千金
最大的福气—— 福如东海
最大的跟头—— 一蹶不振
最大的谎言—— 弥天大谎
最大的家—— 四海为家
最大的叫声—— 一鸣惊人
最大的满足—— 天遂人愿
最大的冒险—— 孤注一掷
最大的容器—— 包罗万象
最大的声响—— 惊天动地
最大的誓言—— 海枯石烂
最大的手术—— 脱胎换骨
最大的手—— 一手遮天
最大的幸运—— 九死一生
最大的灾难—— 灭顶之灾
最大的嘴—— 血盆大口
最短的季节—— 一日三秋

成语益智游戏大全

最短的生命——昙花一现
最多私宅的拥有者——狡兔三窟
最繁华的街道——车水马龙
最繁忙的航空港——日理万机
最繁忙的季节——多事之秋
最反常的天气——晴天霹雳
最费时的工程——百年树人
最丰富的资源——取之不尽
最锋利的刀剑——削铁如泥
最干净的地方——一尘不染
最高的瀑布——一落千丈
最高的人——顶天立地
最长的年岁——寿比南山
最高点——至高无上
最高明的医术——药到病除
最有号召力的人——一呼百应
最奇妙的技艺——点石成金
最公开的事情——人人皆知
最怪的动物——虎头蛇尾
最怪的人——虎背熊腰
最贵的承诺——一诺千金
最好的记忆——过目不忘
最好的箭术——一箭双雕
最好的男人——好好先生
最好的女婿——乘龙快婿
最好的司机——驾轻就熟
最舒适的住处——安乐窝
最好的药方——灵丹妙药
最好的渔夫——一网打尽

最黑的时候——暗无天日
最红的心——赤子之心
最坏的后代——不肖子孙
最荒凉的地方——寸草不生、不毛之地
最激烈的辩论——唇枪舌剑
最佳搭档——狼狈为奸
最佳的配对——才子佳人
最坚固的建筑——铜墙铁壁
最艰难的争辩——理屈词穷
最简单的本领——雕虫小技
最决然的态度——一刀两断
最绝望的地方——山穷水尽
最可笑的绝食——不食周粟
最快的读书方式——一目十行
最快的流水——一泻千里
最快的速度——风驰电掣
最宽的视野——一览无余
最宽阔的胸怀——虚怀若谷
最困难的生意——惨淡经营
最浪漫的时光——烛影摇红
最冷的天气——天寒地冻
最离奇的想法——异想天开
最厉害的举重运动员——拔山举鼎
最厉害的贼——偷梁换柱
最吝啬的人——一毛不拔
最灵巧的舌头——巧舌如簧
最没价值的东西——一文不值
最没见识的人——井底之蛙、目不识丁
最美好的东西——十全十美

第四部分　成语之"最"

最南的近路——终南捷径
最难接近的人——拒人千里
最难看的吃相——狼吞虎咽
最难说的话——难以启齿
最难治的病——不治之症
最难走的路——寸步难行
最难做的菜——众口难调
最难做的饭——无米之炊
最庞大的工程——开天辟地
最强壮的身体——铜筋铁骨
最巧妙的技艺——巧夺天工
最穷的人——一无所有
最傻的嫌犯——自投罗网
最少装备的军队——单枪匹马
最深的呼吸——气吞山河
最深的缘分——不解之缘
最神秘的行动——神出鬼没
最神奇的魔术——海市蜃楼
最受关注的生产——老蚌生珠
最徒劳的工程——精卫填海
最团结的集体——万众一心
最危险的差使——与虎谋皮
最危险的游戏——玩火自焚
最无感情的人——铁石心肠
最无奈的事——木已成舟
最无用的做法——捕风捉影
最稀罕的东西——凤毛麟角
最喜欢说别人的好话——逢人说项

最狭窄的路——羊肠小道
最潇洒的旅行——独来独往
最小的胆量——胆小如鼠
最小的邮筒——难以置信
最小的针——无孔不入
最新的时装表演——沐猴而冠
最性急的行为——拔苗助长
最悬殊的差别——天渊之别
最绚烂的颜色——万紫千红
最遥远的地方——天涯海角
最阴险的笑——笑里藏刀
最勇敢的行为——螳臂当车
最有分量的承诺——海誓山盟
最有福的人——福星高照
最有文化的人——才高八斗
最有效率的动作——一挥而就
最有效率的劳动——一劳永逸
最有学问的人——博古通今、无所不知
最有用的木材——栋梁之材
最远的地方——九霄云外
最珍贵的时光——一刻千金
最正直的人——正人君子
最重的头发——一发千钧
最赚钱的生意——一本万利
最壮观的赛马运动——万马奔腾
最准的话——一言为定
最不管事的和尚——做一天和尚撞一天钟
最有本事的人——一夫当关，万夫莫开

最快的话—— 一言既出，驷马难追　　最贪吃的人—— 吃不了兜着走
最大的树叶—— 一叶障目，不见泰山　　最有效的禁令—— 不敢越雷池一步

二、重点成语释义

fèi qǐn wàng shí
废寝忘食　顾不得睡觉，忘记了吃饭。形容勤奋努力，专心致志。也形容忧伤思虑，寝食难安。

近义　夜以继日　　反义　饱食终日

示例　工人们废寝忘食地工作，终于按时完成了项目。

rú jī sì kě
如饥似渴　就像饿了急着要吃饭，渴了急着要喝水一样。形容要求或愿望非常强烈、迫切。

近义　迫不及待　　反义　不慌不忙

示例　整个暑假，她都在如饥似渴地学习功课。

wàn lài jù jì
万籁俱寂　形容周围环境非常安静，一点儿声响都没有。

近义　鸦雀无声　　反义　人声鼎沸

示例　午夜的山村万籁俱寂，听不到一点声响。

yī bài tú dì
一败涂地　形容失败到了不可收拾的地步。

近义　溃不成军　　反义　大获全胜

示例　由于很长一段时间没有好好训练，这次比赛他输得一败涂地。

100

第四部分　成语之"最"

鼠目寸光 shǔ mù cùn guāng
形容目光短浅，没有远见。
- 近义　坐井观天　　反义　高瞻远瞩
- 示例　他如此鼠目寸光，以致错失了最好的机会。

文不加点 wén bù jiā diǎn
文章一气呵成，无须修改。形容文思敏捷，写作技巧纯熟。
- 近义　一气呵成　　反义　咬文嚼字
- 示例　他文不加点，一气呵成，写出了一篇好文章。

天翻地覆 tiān fān dì fù
覆：翻过来。形容变化巨大。也形容闹得很凶。
- 近义　翻天覆地　　反义　一成不变
- 示例　改革开放以来，这个偏僻的小山村发生了天翻地覆的变化。

斩草除根 zhǎn cǎo chú gēn
除草时要连根除掉，使草不能再长。比喻除去祸根，以免后患。
- 近义　赶尽杀绝　　反义　养虎为患
- 示例　对于那些不良的习惯，我们一定要斩草除根。

狗尾续貂 gǒu wěi xù diāo
比喻拿不好的东西补接在好的东西后面，前后不相称。
- 近义　鱼目混珠　　反义　凤头豹尾
- 示例　我们做事要有始有终，千万不能狗尾续貂。

一步登天 yī bù dēng tiān
一步跨上青天。比喻一下子就达到很高的境界或程度。有时也用来比喻人突然得志，爬上高位。
- 近义　平步青云　　反义　一落千丈
- 示例　谁也无法一步登天，任何成绩的取得都需要脚踏实地打好基础。

101

成语益智游戏大全

dǎn dà bāo tiān
胆大包天 包：包容。形容胆子极大。

- 近义 胆大妄为　　反义 胆小如鼠
- 示例 他真是胆大包天，竟然在光天化日下抢劫。

yī zhì qiān jīn
一掷千金 掷：扔。原指赌博时一注就押上千金。后形容花钱大手大脚，挥霍无度。

- 近义 大手大脚　　反义 节衣缩食
- 示例 因为家庭教育的缺失，有些富二代习惯于一掷千金，完全不知道珍惜父母的血汗钱。

yī míng jīng rén
一鸣惊人 一叫就使人震惊。比喻平时没有突出的表现，一下子做出惊人的成绩。

- 近义 一举成名　　反义 默默无闻
- 示例 她平时不冒尖，这次高考却一鸣惊人，成了本市的文科状元。

tuō tāi huàn gǔ
脱胎换骨 原指修炼者得道后，脱凡胎为仙胎，换凡骨为仙骨。现比喻彻底改变，多指思想观念发生根本的改变。也比喻写诗作文在取法前人的基础上能变化创新，如同己出。

- 近义 洗心革面　　反义 顽固不化
- 示例 经过几年的劳动改造，他已经脱胎换骨了。

yī shǒu zhē tiān
一手遮天 一只手把天遮住。形容依仗权势，玩弄手段，蒙蔽群众。

- 近义 独断专行　　反义 广开言路
- 示例 在资讯如此发达的社会里，谁也无法一手遮天、瞒天过海。

第四部分 成语之"最"

tán huā yī xiàn
昙花一现 比喻人或事物存在的时间很短,刚一出现就迅速消失了。
- 近义 稍纵即逝　　反义 地久天长
- 示例 许多明星如昙花一现,刚出名两天就不见踪影了。

rì lǐ wàn jī
日理万机 理:处理,办理;万机:种种事务。形容政务繁忙,工作辛苦。
- 近义 案牍劳形　　反义 无所事事
- 示例 总理每天日理万机地忙于各种工作。

yī chén bù rǎn
一尘不染 泛指人品格高尚,不沾染坏的习气。也用来形容非常清洁、干净。
- 近义 一干二净　　反义 乱七八糟
- 示例 一到周末,妈妈就把家里打扫得一尘不染。

dǐng tiān lì dì
顶天立地 头顶云天,脚踏大地。形容形象高大,气概豪迈。
- 近义 魏然屹立　　反义 卑躬屈膝
- 示例 爸爸从小就教育我们,长大后要成为一个顶天立地的人。

zhì gāo wú shàng
至高无上 至:最。高到顶点,再也没有更高的了。
- 近义 无出其右　　反义 等而下之
- 示例 古时候的皇帝拥有至高无上的权力。

yī hū bǎi yìng
一呼百应 一个人呼喊,马上有很多人响应。
- 近义 一倡百和　　反义 孤掌难鸣
- 示例 听了为灾区捐助的倡议,大家一呼百应,在捐款箱前排起了长长的队伍。

一箭双雕 yī jiàn shuāng diāo

雕：一种凶猛的鸟。原指射箭技术高超。后比喻做一件事达到两个目的。

近义　一石二鸟　　反义　事倍功半

示例　她的做法起到了一箭双雕的作用。

驾轻就熟 jià qīng jiù shú

驾轻车，走熟路。比喻对某事有经验，很熟悉，做起来容易。

近义　轻车熟路　　反义　初出茅庐

示例　他在一线当教师多年，现在主管教育工作实在是驾轻就熟。

一泻千里 yī xiè qiān lǐ

形容江河奔流直下，流得又快又远。也比喻文笔或乐曲气势奔放，或形容价格猛跌不止。

近义　一落千丈　　反义　一潭死水

示例　滚滚长江水一泻千里流入大海。

虚怀若谷 xū huái ruò gǔ

胸怀像山谷一样深广。形容十分谦虚，能容纳别人的意见。

近义　谦虚谨慎　　反义　刚愎自用

示例　李老师平易近人，虚怀若谷，深受学生的爱戴。

异想天开 yì xiǎng tiān kāi

指想法很不切实际，非常奇怪。

近义　浮想联翩　　反义　因循守旧

示例　小孩子总喜欢异想天开。

偷梁换柱 tōu liáng huàn zhù

比喻暗中玩弄手法，以假代真，以劣代优。

近义　偷天换日　　反义　光明磊落

第四部分 成语之"最"

示例 无良建筑商在施工中偷梁换柱,导致新修的桥梁在大洪水中坍塌了。

cùn bù nán xíng
寸步难行 连一步都难以行进。形容走路困难。也比喻处境艰难。
近义 举步维艰　　**反义** 畅通无阻
示例 山体滑坡导致这里寸步难行。

bǔ fēng zhuō yǐng
捕风捉影 风和影子都是抓不着的。比喻说话做事丝毫没有事实根据。
近义 空穴来风　　**反义** 真凭实据
示例 对于这种捕风捉影的消息,我们可以置之不理。

三、玩游戏学成语

1. 将职业或称呼填入空格中,组成成语。

工 匠 庖 士 臣 子 父 母 翁 公 王 司空 先生 君子 先生

◯ 叶　　好龙	◯ 梁上◯	◯ 丁解牛	◯ 以◯贵
东郭◯	有识之◯	能◯巧◯	愚◯移山
鬼斧神◯	不肖◯孙	越俎代◯	慈◯孝◯
巧夺天◯	周◯吐哺	◯公大人	夸◯逐日
饱学之◯	北面称◯	◯心如水	爱民如◯
正人◯◯	南郭◯◯	见惯◯◯	塞◯失马

2. 将方格中的汉字组成成语（每字仅使用一次）。

天	斩	驾	勤
并	酬	见	思
道	齐	钉	还
异	截	迁	铁
买	驱	椟	珠

馨	词	书	讳
忌	针	滥	竹
惊	疾	骇	调
俗	难	坐	毡
如	陈	世	医

青	闲	近	精
等	山	尺	令
军	卫	不	海
在	视	如	老
山	填	咫	之

闲	袖	晓	云
手	物	鹤	天
怨	喻	旁	志
丧	野	尤	户
观	玩	家	人

第四部分 成语之"最"

3. 补成语，猜出城市名称。

走南闯	兆画眉
蜂拥而	外奇谈
不共戴	津有味
心事重	赏刑威
语重心	宵一刻
人才济	来北往
劳逸结	头大耳
重其事	赤县神
不善作	彪形大
歌当哭	折戟沉
柯一梦	五世其
装革履	惴惴不
平盛世	问鼎中
风残照	心神不

四、知识链接

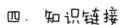

中国古代经典著作中的成语（二）

《论语》是儒家学派的经典著作之一，由孔子的弟子及再传弟子编写而

成，较为集中地反映了孔子的思想。《论语》以语录体为主，叙事体为辅，全书共20篇，492章。出自《论语》的成语众多，现将部分常用成语罗列如下。

1.《学而》篇

不亦乐乎 犯上作乱 行有余力 言而有信 慎终追远 温良恭俭让
小大由之 告往知来

2.《为政》篇

众星拱辰 一言以蔽之 而立之年 不惑之年 知命之年 从心所欲
因材施教 温故知新 周而不比 比而不周 举直措枉 见义勇为
人而无信，不知其可

3.《八佾》篇

是可忍，孰不可忍 了如指掌 乐而不淫 成事不说 既往不咎 尽善尽美

4.《里仁》篇

观过知仁 朝闻夕死 恶衣恶食 一以贯之 见贤思齐 父母在，不远游
游必有方

5.《公冶长》篇

朽木不可雕 朽木粪墙 不耻下问 三思而行 愚不可及 不念旧恶

第四部分 成语之"最"

6.《雍也》篇

一箪一瓢　肥马轻裘　箪食瓢饮　行不由径　文质彬彬　敬而远之
先难后获　能近取譬

7.《述而》篇

述而不作　学而不厌　诲人不倦　举一反三　一隅三反　用行舍藏
暴虎冯河　临事而惧　生而知之　怪力乱神　择善而从

8.《泰伯》篇

犯而不校　六尺之孤　任重道远　死而后已　笃信好学　守死善道
不在其位，不谋其政

9.《子罕》篇

空空如也　循循善诱　欲罢不能　善价而沽　逝者如斯　不舍昼夜
苗而不秀　秀而不实　后生可畏　匹夫不可夺志　岁寒松柏

10.《乡党》篇

食不厌精

第五部分

按字说成语

第五部分 按字说成语

一、按特定的字说成语

成语中含有相关指定的字，但该字在成语中的位置不受任何限制。

1."水"字成语

水涨船高	水磨工夫	水中捞月	水天一色	水土不服	水深火热	杯水车薪
顺水推舟	细水长流	车水马龙	出水芙蓉	覆水难收	背水一战	镜花水月
山清水秀	山遥水远	望穿秋水	抽刀断水	千山万水	滴水不漏	

2."花"字成语

花红柳绿	花花绿绿	花言巧语	如花似锦	百花齐放	春花秋月	生花妙笔
柳暗花明	春暖花开	笔下生花	走马观花	黄花晚节	锦上添花	拈花一笑
花容月貌	花团锦簇	花天酒地	鸟语花香	眼花缭乱	天花乱坠	

3."月"字成语

月下老人	月黑风高	闭月羞花	岁月蹉跎	风月无边	日积月累	花好月圆
日新月异	猴年马月	峥嵘岁月	月朗星稀	风花雪月	朝花夕月	岁月悠悠
风云月露	二分明月	花前月下	海底捞月	寒冬腊月	月光如水	

4."星"字成语

星月交辉	星罗棋布	星星点点	福星高照	披星戴月	一星半点	月明星稀
星行夜归	斗转星移	大步流星	寥若晨星	灿若晨星	众星拱辰	星光灿烂
物换星移	星火燎原	文星高照	月落星沉	众星捧月	月约星期	

5. "天"字成语

顶天立地	呼天号地	哭天抢地	开天辟地	乐天知命	弥天大谎	普天同庆
国色天香	暗无天日	独步天下	横行天下	热火朝天	杞人忧天	如日中天
哭天抹泪	悲天悯人	异想天开	女娲补天	抱恨终天	回天无力	

6. "地"字成语

地主之谊	地大物博	地广人稀	地久天长	割地求和	就地取材	落地有声
大地回春	扫地出门	天经地义	天昏地暗	天罗地网	人杰地灵	山崩地裂
地利人和	立足之地	出人头地	哭天喊地	遍地开花	拔地而起	

7. "木"字成语

木已成舟	木本水源	木石心肠	木头木脑	木秀风摧	入木三分	水木清华
缘木求鱼	草木皆兵	枯木逢春	呆若木鸡	绳锯木断	移花接木	独木难支
麻木不仁	朽木难雕	木牛流马	槁木寒灰	草衣木食		

8. "土"字成语

土生土长	土崩瓦解	寸土必争	土木形骸	风土人情	卷土重来	寸土寸金
积土成山	入土为安	灰头土脸	面色如土	视如粪土	挥金如土	开疆拓土
不服水土	故土难离	皇天后土	土豪劣绅	土头土脑	鱼烂土崩	

9. "风"字成语

风急浪高	风和日丽	风云变幻	风雨交加	捕风捉影	高风亮节	春风得意
狂风巨浪	饱经风霜	八面威风	别有风味	不正之风	甘拜下风	林下风气
风声鹤唳	吟风弄月	风水宝地	附庸风雅	大风大浪	风尘仆仆	

第五部分 按字说成语

10. "草"字成语

草长莺飞　草菅人命　草草了事　草莽英雄　斩草除根　寸草不生　积草屯粮
奇花异草　风吹草动　人非草木　拈花惹草　疾风劲草　草率从事　草草收兵
寸草春晖　长林丰草　结草衔环　一草一木　草行露宿　香草美人

11. "雨"字成语

雨打风吹　雨过天晴　大雨如注　风雨同舟　风雨无阻　未雨绸缪　汗如雨下
春风化雨　疾风骤雨　凄风冷雨　呼风唤雨　牛毛细雨　巴山夜雨　倾盆大雨
泪如雨下　滂沱大雨　腥风血雨　风雨飘摇　烟蓑雨笠　春雨贵如油

12. "人"字成语

人才辈出　令人捧腹　人定胜天　人来人往　出人意料　丢人现眼　步人后尘
看人行事　拒人千里　夜深人静　春满人间　楚楚动人　咄咄逼人　人山人海
乘人之危　不得人心　家破人亡　令人瞩目　尽人皆知　盲人摸象

13. "树"字成语

树大根深　树大招风　玉树临风　别树一帜　枯树逢春　琼枝玉树　春树暮云
枯树花开　铁树开花　芝兰玉树　树碑立传　树倒根摧　蚍蜉撼树　刀山剑树
火树银花　百年树人　一树百获　树倒猢狲散　树欲静而风不止
前人栽树，后人乘凉

14. "云" 字成语

云开见日	云飞雨散	风云人物	闲云野鹤	行云流水	人云亦云	凌云之志
过眼云烟	义薄云天	九霄云外	风起云涌	平地青云	叱咤风云	不知所云
波诡云谲	吞云吐雾	宾客如云	彩云易散	朝云暮雨	风云际会	

15. "日" 字成语

日上三竿	日理万机	日月如梭	指日可待	旷日持久	来日方长	世风日下
江河日下	不见天日	日日夜夜	日行千里	出头之日	遮天蔽日	良辰吉日
夜以继日	青天白日	蒸蒸日上	光天化日	拨云见日	不可终日	

16. "山" 字成语

山珍海味	山重水复	山盟海誓	跋山涉水	崇山峻岭	开山鼻祖	庐山面目
地动山摇	湖光山色	气壮山河	开门见山	堆积如山	名落孙山	安如泰山
半壁江山	逼上梁山	锦绣山河	军令如山	排山倒海	恩重如山	

17. "目" 字成语

目不暇接	目不识丁	目中无人	目光如炬	目空一切	瞠目结舌	极目远望
闭目养神	耳聪目明	耳濡目染	眉清目秀	头晕目眩	光彩夺目	历历在目
巧立名目	不堪入目	触目惊心	目无尊长	满目疮痍	反目成仇	

18. "心" 字成语

心平气和	心花怒放	心照不宣	心满意足	归心似箭	呕心沥血	兰心蕙质
随心所欲	独出心裁	计上心来	胆大心细	动人心弦	赤子之心	刻骨铭心
碧血丹心	大快人心	称心如意	鬼迷心窍	勾心斗角	狼子野心	

第五部分　按字说成语

19. "口"字成语

口若悬河	口是心非	口说无凭	口干舌燥	绝口不提	百口莫辩	脱口而出
出口成章	信口开河	病从口入	心服口服	心直口快	脍炙人口	拖家带口
良药苦口	如出一口	口诛笔伐	交口称赞	口口声声	琅琅上口	

20. "东"字成语

东山再起	东奔西跑	东窗事发	东张西望	东奔西窜	东拉西扯	东床快婿
东郭先生	东施效颦	东征西讨	东海捞针	说东道西	拆东补西	声东击西
河东狮吼	福如东海	付诸东流	大江东去	旭日东升	失之东隅，收之桑榆	

21. "南"字成语

南辕北辙	南柯一梦	南征北伐	南来北往	南征北战	南山可移	南山之寿
南山铁案	南郭先生	南风不竞	南冠楚囚	南天北地	闯南走北	天南地北
寿比南山	塞北江南	半壁东南	东南之美	马放南山	南极腾辉	

22. "西"字成语

西装革履	西风残照	西窗剪烛	驾鹤西去	中西合璧	东拼西凑	待月西厢
学贯中西	捧心西子	西风落叶	夕阳西下	东躲西藏	东倒西歪	西施捧心
西舍东邻	西抹东涂	西山饿夫	偷东摸西	西颦东效	西学东渐	

23. "北"字成语

北门锁钥	北面称臣	北讨南征	泰山北斗	天南海北	大江南北	北门之叹
高卧北窗	走南闯北	南腔北调	众星拱北	南橘北枳	望尘奔北	追亡逐北
白首北面	乘胜逐北	南枝北枝	南来北往			

二、重点成语释义

杯水车薪 bēi shuǐ chē xīn
用一杯水去救一车着了火的柴草。比喻力量太小，解决不了问题。

近义 粥少僧多　　反义 绰绰有余

示例 这些捐款对于他的医疗费来说只是杯水车薪。

眼花缭乱 yǎn huā liáo luàn
看着复杂纷繁的东西而感到迷乱。也比喻事物复杂，无法辨清。

近义 目不暇接　　反义 一目了然

示例 百货大楼琳琅满目的商品让人看得眼花缭乱。

百花齐放 bǎi huā qí fàng
形容百花盛开，丰富多彩。比喻各种不同形式和风格的艺术自由发展。也形容艺术界的繁荣景象。

近义 百鸟争鸣　　反义 一枝独秀

示例 春天来了，百花齐放，到处充满了生机。

日新月异 rì xīn yuè yì
每天都在更新，每月都有变化。指发展或进步迅速，不断出现新事物、新气象。

近义 与日俱进　　反义 一成不变

示例 现代科技的发展给我们的生活带来了日新月异的变化。

星罗棋布 xīng luó qí bù
像天空的星星和棋盘上的棋子那样分布着。形容数量很多，分布很广。

近义 密密麻麻　　反义 寥寥无几

示例 千岛湖上的小岛星罗棋布。

第五部分　按字说成语

qǐ rén yōu tiān
杞人忧天
比喻不必要的或缺乏根据的忧虑和担心。

- 近义　怨天尤人
- 反义　高枕无忧
- 示例　只要付出了足够的努力，对于没有发生的风险切不可杞人忧天。

rè huǒ cháo tiān
热火朝天
形容气氛热烈，情绪高涨。

- 近义　热热闹闹
- 反义　冷冷清清
- 示例　课间休息，同学们在操场上热火朝天地玩游戏。

tiān jīng dì yì
天经地义
指绝对正确不容改变的道理。也指理所当然，不容怀疑。

- 近义　理所当然
- 反义　似是而非
- 示例　孝敬父母是天经地义的事情。

rù mù sān fēn
入木三分
原形容书法笔力强劲。后也形容见解精辟，分析问题很深刻。

- 近义　鞭辟入里
- 反义　不着边际
- 示例　鲁迅的文章入木三分地揭示了当时社会的黑暗现实。

má mù bù rén
麻木不仁
肢体麻痹，失去知觉。比喻对外界事物反应迟钝或漠不关心。

- 近义　漠不关心
- 反义　神经过敏
- 示例　他对老师的批评早已麻木不仁了。

cùn tǔ bì zhēng
寸土必争
一小块土地都必须坚决争夺。形容绝不退缩或让步。

- 近义　寸土不让
- 反义　拱手相让
- 示例　在国家主权问题上，我们坚持寸土必争的原则。

fēng chén pú pú
风尘仆仆
形容旅途奔波，忙碌劳累。

117

近义　跋山涉水　　反义　无所事事
示例　他一路风尘仆仆，终于按时赶到目的地。

cǎo jiān rén mìng
草菅人命
把人命看作野草。指任意残害人命。

近义　滥杀无辜　　反义　好生之德
示例　奴隶社会时期，草菅人命的事情时有发生。

yī cǎo yī mù
一草一木
一棵草，一株树。比喻细微或平常的东西。

近义　一针一线
示例　我们要爱护校园里的一草一木。

wèi yǔ chóu móu
未雨绸缪
比喻事先做好准备工作。

近义　居安思危　　反义　临阵磨枪
示例　只有未雨绸缪，做足预案，遇到问题时才能从容解决。

fēng yǔ tóng zhōu
风雨同舟
比喻互相支持、帮助，共度危难。

近义　同舟共济　　反义　尔虞我诈
示例　他们风雨同舟几十年，一起推动了企业的稳步发展。

rén cái bèi chū
人才辈出
形容有才能的人不断涌现。

近义　人才济济　　反义　青黄不接
示例　我国科学界人才辈出，群英荟萃。

duō duō bī rén
咄咄逼人
原指出语伤人，令人难堪。后形容气势汹汹，盛气凌人。

近义　盛气凌人　　反义　和颜悦色

第五部分 按字说成语

> **示例** 虽然他说得很有道理，但咄咄逼人的态度让人难以接受。

树大招风 shù dà zhāo fēng

树长高了，容易遭受风的袭击。比喻名声大了，容易惹麻烦，招嫉恨。

> **近义** 众矢之的　　**反义** 无名小卒
>
> **示例** 做人要低调，要不然容易树大招风，给自己带来不必要的麻烦。

火树银花 huǒ shù yín huā

形容张灯结彩或大放焰火的灿烂夜景。

> **近义** 灯火辉煌　　**反义** 黑灯瞎火
>
> **示例** 新年来了，人民广场上火树银花，灯光璀璨，漂亮极了。

叱咤风云 chì zhà fēng yún

怒喝一声能使风云兴起。形容威力极大。

> **近义** 声势浩大　　**反义** 无声无息
>
> **示例** 这位老人曾经是叱咤风云的将军。

夜以继日 yè yǐ jì rì

晚上连着白天。形容加紧工作或学习。

> **近义** 通宵达旦　　**反义** 蹉跎岁月
>
> **示例** 工人们夜以继日地工作，终于按期完成了任务。

东倒西歪 dōng dǎo xī wāi

形容身不由己，摇晃不稳的样子。也形容物体倾斜不正。

> **近义** 东歪西倒　　**反义** 傲然屹立
>
> **示例** 狂风过后，路旁的小树被吹得东倒西歪了。

名落孙山 míng luò sūn shān

名字落在榜末孙山的后面。指考试或选拔没有被录取。

| 近义 | 榜上无名 | 反义 | 金榜题名 |

示例　今年高考，他又一次名落孙山。

zǒu nán chuǎng běi
走南闯北
形容四处奔走闯荡，到过很多地方。

| 近义 | 东奔西走 | 反义 | 足不出户 |

示例　他自小跟随父母走南闯北，见多识广。

mù bù xiá jiē
目不暇接
指东西多，眼睛看不过来。

| 近义 | 眼花缭乱 | 反义 | 一目了然 |

示例　商场里的玩具琳琅满目，让人目不暇接。

kè gǔ míng xīn
刻骨铭心
铭刻在心灵深处。形容记忆深刻，永远不忘。

| 近义 | 念念不忘 | 反义 | 过眼云烟 |

示例　汶川大地震的志愿者给幸存者留下了刻骨铭心的印象。

kǒu zhū bǐ fá
口诛笔伐
从口头和书面上对坏人、坏事进行揭露和声讨。

| 近义 | 笔伐口诛 | 反义 | 歌功颂德 |

示例　作为一名公众人物，他对这件事情的不当处理受到了网友们的口诛笔伐。

shēng dōng jī xī
声东击西
指为了迷惑敌人，表面上做出要攻打这边的态势，实际上却去攻打另一边。

| 近义 | 调虎离山 | 反义 | 无的放矢 |

示例　这招声东击西的战术，成功地击退了敌人。

nán yuán běi zhé
南辕北辙
想往南而车子却向北行。比喻行动和目的正好相反。

第五部分 按字说成语

近义　背道而驰　　反义　殊途同归
示例　过度锻炼与健康运动是南辕北辙的。

三、玩游戏学成语

1. 猜职业：将成语与主人公的身份连线。

妙手回春		教师
骑虎难下		乞丐
顺手牵羊		医生
庖丁解牛		主帅
囊萤映雪		君王
卧薪尝胆		屠夫
嗟来之食		书生
守株待兔		农夫
传道授业		小偷

2. 填人物名称，补全成语。

逐日	填海	补天	自荐
事后	割席	一顾	名落
之交	效颦	吴下	好龙

3. 填字组成语，并将所填的字按顺序连起来作为谜面，打一动物。

罪立功	颜薄命	前月下
针引线	衣玉食	不解带
苦连天	帆风顺	名狼藉
人泪下	去楼空	死回生

谜底是：_____

四、知识链接

中国古代经典著作中的成语（三）

《论语》中的常用成语续：

11.《先进》篇

一仍旧贯　言必有中　过犹不及　理屈词穷　一日之长　舍己为人　千乘之国

12.《颜渊》篇

克己复礼　己所不欲，勿施于人　内省不疚　死生有命，富贵在天　足食足兵　逼不得已　驷不及舌　一言既出，驷马难追　通力合作　片言折狱　成人之美　风行草偃　察言观色　以文会友

第五部分 按字说成语

13.《子路》篇

名正言顺　一言兴邦　一言丧邦　近悦远来　行己有耻　言必信，行必果
斗筲之人　和而不同　刚毅木讷

14.《宪问》篇

危言危行　禽犊之爱　见利思义　见危授命　大言不惭　以德报德　以德报怨
以直抱怨　怨天尤人　下学上达

15.《卫灵公》篇

君子固穷　无为而治　志士仁人　求人不如求己　杀身成仁　取义成仁
成仁取义　工欲善其事，必先利其器　人无远虑，必有近忧　言不及义
好行小惠　群而不党　以言举人　直道而行　小不忍则乱大谋　当仁不让
敬事后食　有教无类　不相为谋

16.《季氏》篇

陈力就列　开柙出虎　玉毁椟中　龟玉毁椟　既来之，则安之　分崩离析
祸起萧墙　直谅多闻　血气方刚　过庭之训

17.《阳货》篇

怀宝迷邦　岁不我与　时不我与　割鸡焉用牛刀　磨而不磷　磨而不磷，
涅而不缁　色厉内荏　穿窬之盗　患得患失　无所不至　以紫乱朱　饱食终日
饱食终日，无所用心　居下讪上

123

18.《微子》篇

> 枉道事人　父母之邦　季孟之间　四体不勤，五谷不分　降志辱身
> 无可无不可

19.《子张》篇

> 文过饰非　有始有终　学而优则仕　文武之道　学无常师　生荣死哀

20.《尧曰》篇

> 兴灭继绝　惠而不费　不教而诛

第六部分

歇后语
接成语

一、歇后语中的成语

歇后语也是成语的重要来源，下面的这些歇后语中都包含了一个我们常用的成语。

白骨精演说——　妖言惑众
斑马的脑袋——　头头是道
搬石头打脑袋　　自讨苦吃
笨媳妇纳鞋底　　凹凸不平
鼻窟窿里看人　　有眼无珠
鼻梁上推车——　走投无路
曹操杀二蔡——　后悔莫及
此地无银三百两　不打自招
大肚子踩钢丝　　铤而走险
大厅中央挂楷书　堂堂正正
大象上的跳蚤　　微不足道
大小号合奏——　双管齐下
稻草人救火——　同归于尽
地图上量距离——咫尺千里
冬天的蚊子——　销声匿迹
豆腐里吃出骨头来　无事生非
缎子被面麻布里　表里不一
对牛弹琴——　充耳不闻
饭馆里端菜——　和盘托出
飞蛾扑火——　自取灭亡
擀面杖吹火——　一窍不通
高粱秆上结茄子　无奇不有
挂羊头卖狗肉——弄虚作假

韩信点兵——　多多益善
航空公司开业——有机可乘
耗子啃菩萨——　不识大体
吃蜂蜜说好话——甜言蜜语
泥菩萨过江——　自身难保
脑壳上长眼睛——目中无人
牛郎约织女——　后会有期
老鼠吃书——　咬文嚼字
诸葛亮弹琴——　临危不乱
矮子踩高跷——　取长补短
按别人的脚买鞋——生搬硬套
八股文的格式——千篇一律
八级工学技术——精益求精
八字不见一撇——一无所有
芭蕉插在古树上——粗枝大叶
白布上盖墨印——黑白分明
拜堂的夫妻——　谢天谢地
板凳上钻窟窿——有板有眼
半路上杀出个程咬金——突如其来
鼻尖上着火——　迫在眉睫
鼻孔看天——　有眼无珠
玻璃杯盛水——　明明白白
拆掉房子搭鸡窝——得不偿失

第六部分　歇后语接成语

长篇小说——千言万语
唱戏的卸了妆——原形毕露
吃香蕉剥皮——吃里扒外
船漏又遇顶头风——祸不单行
床底下吹号——低声下气
春蚕到死丝方尽——满腹经纶
打官司的上堂——各执一词
大白天掌灯——多此一举
大姑娘的长辫子——置之脑后
大海里的小船——风雨飘摇
胆小鬼走夜路——提心吊胆
得牛还马——礼尚往来
电线杆当筷子——大材小用
冬天的知了——一声不响
高射炮打苍蝇——小题大做
搁了浅的船——进退两难
狗咬吕洞宾——不识好歹
光打雷不下雨——虚张声势
过河拆桥——忘恩负义
海底捞月——枉费心机
过年吃团圆饭——济济一堂
和尚念经——老调重弹
虎口拔牙——胆大包天
胡琴里藏知了——弦外之音
猴子抱西瓜——顾此失彼
花轿前的乐队——大吹大擂
黄连树下弹琴——苦中作乐

鸡群里的鹤——出类拔萃
见狗扔骨头——投其所好
见猫就害怕——胆小如鼠
江里行船——见风使舵
叫花子吃豆腐——一穷二白
西瓜地里散步——左右逢源
小和尚念经——有口无心
绣花针沉海底——无影无踪
今年的竹子来年的笋——无穷无尽
举重比赛——斤斤计较
叩头拜把子——称兄道弟
脸谱全集——面面俱到
练兵场上的靶子——众矢之的
卤水点豆腐——一物降一物
鲁智深当和尚——半路出家
路上再见——分道扬镳
驴跟马跑——望尘莫及
麻雀当家——七嘴八舌
没根的浮萍——随波逐流
娘疼闺女——实心实意
牛身上拔根毛——无伤大体
螃蟹过河——七手八脚
盘子里扎猛子——不知深浅
七被二除——不三不四
三个手指捏田螺——十拿九稳
伸手摘星星——高不可攀
老太太吃黄连——苦口婆心

二、重点成语释义

自讨苦吃 zì tǎo kǔ chī　指本来没事，却偏去自惹麻烦，自寻苦恼。

- 近义　自寻烦恼　　反义　趋利避害
- 示例　她非得自己亲自去做不擅长的事，这简直就是自讨苦吃。

走投无路 zǒu tóu wú lù　无路可走，已到绝境。比喻处境极困难，找不到出路。

- 近义　穷途末路　　反义　左右逢源
- 示例　白毛女被黄世仁逼得走投无路，只好逃进了深山。

不打自招 bù dǎ zì zhāo　旧指没有用刑就招供。比喻做了坏事或有坏的意图自我暴露出来。

- 近义　图穷匕见　　反义　屈打成招
- 示例　他一不小心说漏嘴，不打自招了。

堂堂正正 táng táng zhèng zhèng　原形容强大整齐的样子。现形容光明正大。也形容身材威武，仪表出众。

- 近义　光明正大　　反义　鬼鬼祟祟
- 示例　我们要做一个堂堂正正的中国人。

双管齐下 shuāng guǎn qí xià　原指手握双笔同时作画。后比喻做一件事两个方面同时进行或两种方法同时使用。

- 近义　左右开弓　　反义　另起炉灶
- 示例　治疗与锻炼双管齐下，他的病很快有了起色。

第六部分　歇后语接成语

咫尺千里 zhǐ chǐ qiān lǐ
形容距离虽近，却像远隔千里那样难以通行或难以相见。也形容在不大的画幅内展现出辽阔深远的景象。
近义　咫尺天涯　　反义　一衣带水
示例　现在的人们太忙碌了，住在一座城市的亲人都很难见上一面，真可谓咫尺千里。

销声匿迹 xiāo shēng nì jì
指隐藏起来，不公开露面。
近义　石沉大海　　反义　粉墨登场
示例　这些年都没有他的消息，就像销声匿迹了一样。

和盘托出 hé pán tuō chū
连盘子也端出来了。比喻全都讲出来，毫不保留。
近义　言无不尽　　反义　闪烁其词
示例　在警察的盘问下，嫌犯和盘托出了自己的犯罪过程。

一窍不通 yī qiào bù tōng
没有一窍是贯通的。比喻一点儿也不懂。
近义　一无所知　　反义　无所不知
示例　马上要升学考试了，但她对高等数学还是一窍不通。

弄虚作假 nòng xū zuò jiǎ
指用虚假的东西来蒙骗他人。
近义　欺名盗世　　反义　实事求是
示例　我们要坚决抵制弄虚作假的行为。

多多益善 duō duō yì shàn
原指带兵越多越能成事，后泛指越多越好。
近义　贪得无厌　　反义　宁缺毋滥
示例　对于孩子们来说，好书多多益善。

成语益智游戏大全

顾此失彼 gù cǐ shī bǐ
顾了这个，失了那个。指不能兼顾。
- 近义 东扶西倒
- 反义 面面俱到
- 示例 他一个人管理这么大一个项目，难免有些顾此失彼。

出类拔萃 chū lèi bá cuì
形容人的品德才能出众，高出同类之上。
- 近义 鹤立鸡群
- 反义 碌碌无为
- 示例 他在同龄人中表现得出类拔萃。

左右逢源 zuǒ yòu féng yuán
形容做事得心应手，处处顺利。
- 近义 八面玲珑
- 反义 左右为难
- 示例 他喜欢阅读，所以写起文章来左右逢源、得心应手。

斤斤计较 jīn jīn jì jiào
形容过分计较小利或琐细小事。
- 近义 锱铢必较
- 反义 宽宏大量
- 示例 做事可以斤斤计较，做人却要宽宏大量。

千篇一律 qiān piān yī lǜ
泛指事物只有一种形式，呆板、无新意。
- 近义 如出一辙
- 反义 千奇百怪
- 示例 他的诗作很多，却千篇一律。

精益求精 jīng yì qiú jīng
指对学问、技艺等的追求好了还要更好。
- 近义 千锤百炼
- 反义 敷衍了事
- 示例 工匠们对自己的作品要求精益求精。

有板有眼 yǒu bǎn yǒu yǎn
指曲调唱腔合乎节拍，也形容说话做事有条理。
- 近义 有条有理
- 反义 颠三倒四

第六部分　歇后语接成语

示例　尽管年纪小，但他做事有板有眼，一丝不苟。

tū rú qí lái
突如其来

指出乎意料地突然发生。

近义　出其不意　　**反义**　意料之中

示例　这场大雨下得突如其来，把大伙儿淋了个透身凉。

dé bù cháng shī
得不偿失

得到的抵不上失去的。

近义　贪小失大　　**反义**　一石二鸟

示例　她熬夜学习，最后病倒了，真是得不偿失。

miàn miàn jù dào
面面俱到

各方面都考虑、安排得很周到，没有遗漏。

近义　面面周到　　**反义**　顾此失彼

示例　他把假期安排规划得面面俱到，十分丰富周全。

yuán xíng bì lù
原形毕露

本来的面目完全暴露出来了。

近义　暴露无遗　　**反义**　不露声色

示例　在警察火眼金睛的审视下，这个潜藏了多年的罪犯终于原形毕露。

zhì zhī nǎo hòu
置之脑后

比喻不放在心上，形容极不重视。

近义　置身事外　　**反义**　念念不忘

示例　刚出家门，他就把妈妈的叮嘱置之脑后了。

tí xīn diào dǎn
提心吊胆

心和胆好像悬着。形容担心害怕，情绪不安。

近义　忧心忡忡　　**反义**　悠然自得

成语益智游戏大全

> **示例** 妈妈去学校参加家长会，李林在家提心吊胆，不知道妈妈回来会不会生气发火。

生搬硬套 shēng bān yìng tào

指不从实际情况出发，机械地搬用别人的经验和方法等。

近义 按图索骥　　**反义** 独辟蹊径

示例 他将别人的创意生搬硬套在自己的作品上，完全没有新意。

老调重弹 lǎo diào chóng tán

把说过的旧话或理论、主张又重新提出来。指言论没有新意。

近义 老生常谈　　**反义** 推陈出新

示例 每次开会，领导总是老调重弹，听得大家没有一点兴趣。

十拿九稳 shí ná jiǔ wěn

形容办事很有把握。

近义 稳操胜券　　**反义** 漏洞百出

示例 小明认真复习功课，这次期末考试应该会十拿九稳考出好成绩。

济济一堂 jǐ jǐ yī táng

形容许多的人聚集在一起。

近义 座无虚席　　**反义** 不欢而散

示例 会场里济济一堂，来自全国各地的优秀学子相聚在一起欢庆节日。

七手八脚 qī shǒu bā jiǎo

形容人多手杂，动作纷乱。

近义 手忙脚乱　　**反义** 有条不紊

示例 大家七手八脚把伤员送到了就近的医院。

第六部分 歇后语接成语

苦口婆心 (kǔ kǒu pó xīn) 形容出于善意而进行恳切的反复的劝导。

近义 语重心长　　反义 口蜜腹剑

示例 张老师对这些顽劣的孩子进行了苦口婆心的劝诫。

三、玩游戏学成语

1. 根据题干，将正确的选项填在括号中。

（1）"闭月羞花"形容的是（　　）
　　A.自然现象　　　　B.春天的景色　　　C.女子的美貌

（2）"火眼金睛"常用来形容中国古代神话故事中的哪个人物？（　　）
　　A.哪吒　　　　　　B.孙悟空　　　　　C.杨戬

（3）"蚍蜉撼树"中的"蚍蜉"指的是（　　）
　　A.蜘蛛　　　　　　B.螳螂　　　　　　C.蚂蚁

（4）"三豕渡河"中的"豕"指的是（　　）
　　A.鸡　　　　　　　B.猪　　　　　　　C.牛

（5）"昙花一现"中的"昙花"一般开放的时间是（　　）
　　A.夜间　　　　　　B.中午　　　　　　C.早上

（6）"青梅竹马"中的"竹马"指的是（　　）
　　A.小孩放在胯下当马骑着玩的竹竿　B.小竹凳　C.用竹子做的马

（7）"掩耳盗铃"的故事是一则（　　）
　　A.笑话　　　　　　B.寓言　　　　　　C.神话

（8）"豆蔻年华"指的是（　　）
　　A.老人　　　　　　B.小男孩　　　　　C.小姑娘

（9）"精忠报国"刻在谁的背上？（　　）
　　A.岳飞　　　　　　B.霍去病　　　　　C.文天祥

（10）"文不加点"中的"点"指的是（　　）
　　A.标点　　　　　　B.做标记表示删除　　C.重点内容

（11）"岛瘦郊寒"中的"郊"指的是（　　）
　　A.郊野　　　　　　B.城郊　　　　　　C.孟郊

（12）"四面楚歌"形容的是（　　）
　　A.巨鹿之战　　　　B.垓下之战　　　　C.淝水之战

133

2. 为下面的句子选择适当的成语。

轻如鸿毛　人困马乏　奇花异草　嫌贫爱富
爱屋及乌　功亏一篑　鹏程万里　群英荟萃

实验已经进入最后阶段，但由于他的疏忽，结果前功尽弃。（　　　）

植物园里有很多寻常见不着的珍贵的花花草草。（　　　）

今天来这里参加会议的都是各个领域的杰出人物，他们是各个行业里的佼佼者。（　　　）

妈妈反对她与家庭条件差的小伙子交往，非要给她介绍一个富二代。
（　　　）

他叛国投敌，遗臭万年。（　　　）

这孩子从小就是学霸，而且各方面都很优秀，未来一定会一片光明。
（　　　）

她喜欢这里的美食，所以也喜欢这个地方。（　　　）

他骑着马在草原上奔驰，一口气跑出了很远很远，人和马都累坏了。
（　　　）

3. 试试看，将成语前后两部分位置调换。

粉面油头			蓬头垢面
万绪千头			露尾藏头
满面春风			焦头烂额
柳骨颜筋			牛头马面
痛哭流涕			罪魁祸首

第六部分　歇后语接成语

四、知识链接

歇后语的分类

歇后语是汉语的一种短小、风趣、形象的特殊语言形式。它由前后两部分组成：前一部分是隐喻或比喻，后一部分是意义的解释。在一定的语言环境中，通常说出前半截，"歇"去后半截，就可以领会和猜出它的本意，所以称它为歇后语。

歇后语通常可分为四大类。

第一类，谐音类。这类歇后语利用同音字或近音字相谐，由原来的意义引申出所需要的另一种意义。如：

空棺材出葬——目（墓）中无人；

孔夫子搬家——净是输（书）。

第二类，喻事类。这类歇后语用客观的或想象的事情作比方，透过对设比事情的特点、情状的总结提炼来引出歇后语的后半部分。如：

弄堂里搬木头——直来直去；

冷水发面——没多大长进。

第三类，喻物类。这类歇后语用某种或某些物件、动物作比方，由它们的特性来推出后半部分。如：

老鼠上街——人人喊打；

棋盘里的卒子——只能进不能退。

第四类，故事类。这类歇后语一般引用常见的典故、寓言或神话传说等作比方，体现出人生道理与生活哲学，只要了解故事就能理解歇后语暗藏的深意。如：

刘备借荆州——只借不还；

林冲棒打洪教头——专看你的破绽下手。

第七部分

成语连连看

第七部分　成语连连看

一、成语连连看

百尺竿头—— 更进一步
百足之虫—— 死而不僵
饱食终日—— 无所用心
豹死留皮—— 人死留名
比上不足—— 比下有余
避人之长—— 攻人之短
不经一事—— 不长一智
不入虎穴—— 焉得虎子
不塞不流—— 不止不行
不在其位—— 不谋其政
差之毫厘—— 谬以千里
成事不足—— 败事有余
成人不自在—— 自在不成人
城门失火—— 殃及池鱼
吃一堑—— 长一智
尺有所短—— 寸有所长
聪明一世—— 糊涂一时
当局者迷—— 旁观者清
得人者昌—— 失人者亡
耳听为虚—— 眼见为实
二人同心—— 其利断金
翻手为云—— 覆手为雨
防民之口—— 甚于防川
高不成—— 低不就

攻其不备—— 出其不意
过五关—— 斩六将
呼之即来—— 挥之即去
己所不欲—— 勿施于人
既来之—— 则安之
江山易改—— 禀性难移
金玉其外—— 败絮其中
近朱者赤—— 近墨者黑
惊天地—— 泣鬼神
精诚所至—— 金石为开
九层之台—— 起于累土
苦海无边—— 回头是岸
路见不平—— 拔刀相助
落花有意—— 流水无情
麻雀虽小—— 五脏俱全
满招损—— 谦受益
明枪易躲—— 暗箭难防
明修栈道—— 暗度陈仓
千里之行—— 始于足下
前怕狼—— 后怕虎
前人栽树—— 后人乘凉
前事不忘—— 后事之师
取之不尽—— 用之不竭
人不可貌相—— 海水不可斗量

人过留名—— 雁过留声
人为刀俎—— 我为鱼肉
人无远虑—— 必有近忧
三十年河东—— 三十年河西
三天打鱼—— 两天晒网
上天无路—— 入地无门
十步之内—— 必有芳草
盛名之下—— 其实难副
食之无味—— 弃之可惜
士别三日—— 刮目相待
士可杀—— 不可辱
死生有命—— 富贵在天
他山之石—— 可以攻玉
螳螂捕蝉—— 黄雀在后
桃李不言—— 下自成蹊
天下兴亡—— 匹夫有责
天有不测风云—— 人有旦夕祸福
外举不避仇—— 内举不避亲
王子犯法—— 庶民同罪
往日无冤—— 近日无仇
文能附众—— 武能威敌
无源之水—— 无本之木
无人不知—— 无人不晓
物以类聚—— 人以群分
雄赳赳—— 气昂昂
言必信—— 行必果

眼不见—— 心不烦
眼观六路—— 耳听八方
养兵千日—— 用兵一时
一波未平—— 一波又起
一不做—— 二不休
一夫当关—— 万夫莫开
一人得道—— 鸡犬升天
一朝被蛇咬—— 十年怕井绳
一日为师—— 终身为父
一着不慎—— 满盘皆输
衣来伸手—— 饭来张口
以己之心—— 度人之腹
以其昏昏—— 使人昭昭
以小人之心—— 度君子之腹
以子之矛—— 攻子之盾
用人不疑—— 疑人不用
有福同享—— 有难同当
鹬蚌相争—— 渔翁得利
冤有头—— 债有主
远在天边—— 近在眼前
战无不胜—— 攻无不克
长他人志气—— 灭自己威风
睁一只眼—— 闭一只眼
知足不辱—— 知止不殆
智者千虑—— 必有一失
种瓜得瓜—— 种豆得豆

第七部分　成语连连看

二、重点成语释义

bǎi zú zhī chóng　sǐ ér bù jiāng
百足之虫，死而不僵

百足：虫名，即马陆，一寸多长，体圆而长，有很多环节、很多足，此虫切断后仍能蠕动；僵：倒下。百足之虫虽然死了仍然有足支撑着不倒下。比喻势力大的人或集体，虽已衰败，但其余威和影响仍然存在。

bù rù hǔ xué　yān dé hǔ zǐ
不入虎穴，焉得虎子

穴：洞；焉：怎么。不进老虎窝，怎能捉到小老虎。比喻不亲历险境就不能获得成功。

bù sè bù liú　bù zhǐ bù xíng
不塞不流，不止不行

塞：堵塞；流：流动；止：停止。如果不有所堵塞就不能流动，不有所制止就无法推行。比喻不破除旧的、错误的，就不能建立新的、正确的。

chā zhī háo lí　miù yǐ qiān lǐ
差之毫厘，谬以千里

差、谬：错误；毫、厘：极小的长度单位，十丝为一毫，十毫为一厘，十厘为一分。指开始时差错虽很微小，但结果会造成极大的错误。

chéng rén bù zì zài　zì zài bù chéng rén
成人不自在，自在不成人

成人：成为有作为的人；自在：安逸舒适。要成为有作为的人，就不能贪图安逸舒适；要贪图安逸舒适就不能成为有作为的人。指人不能贪图安逸，要建功立业，有所作为。

成语益智游戏大全

城门失火，殃及池鱼 (chéng mén shī huǒ, yāng jí chí yú)
殃：灾祸；及：涉及，牵扯。比喻无故被牵连而遭受灾祸或损失。

吃一堑，长一智 (chī yī qiàn, zhǎng yī zhì)
堑：壕沟。指经受一次挫折，就会增长一分智慧。

防民之口，甚于防川 (fáng mín zhī kǒu, shèn yú fáng chuān)
防：阻止、防备；川：河流。阻止百姓进行批判，比堵塞河水泛滥还不容易。意思是压制言论，不让民众说话，必将酿成大祸。

高不成，低不就 (gāo bù chéng, dī bù jiù)
就：迁就。高而合意的，做不了或无力得到，低而不中意的又不肯做或不愿迁就。指因愿望和实际不相符合而造成的选择尴尬。

江山易改，禀性难移 (jiāng shān yì gǎi, bǐng xìng nán yí)
禀性：本性；移：改变。山河的面貌容易改变，人的本性却很难改变。即人的禀赋天性难以改造。

精诚所至，金石为开 (jīng chéng suǒ zhì, jīn shí wéi kāi)
指人的诚心所至，能感天动地，使金石为之开裂。形容只要真心诚意，坚持不懈，总能排除困难，达到目的。

苦海无边，回头是岸 (kǔ hǎi wú biān, huí tóu shì àn)
苦海：佛教指人世间的苦难和烦恼。意为世俗世界就像无边无际的苦海，只有努力修行，才能脱离苦海，到达彼岸。后用来比喻有罪的人只要悔改，就有出路。

第七部分 成语连连看

明枪易躲，暗箭难防 (míng qiāng yì duǒ, àn jiàn nán fáng)
明处刺来的枪容易躲避，暗处射来的箭不容易提防。也指在明处的攻击容易躲避，在暗处的攻击难以防范。

明修栈道，暗度陈仓 (míng xiū zhàn dào, àn dù chén cāng)
栈道：在悬崖上凿空架设木桩、铺上木板建成的窄路；陈仓：古地名，今陕西省宝鸡市东。指在表面上用某一行动迷惑对方，但在暗中却采取另一种行动达到目的。也指暗中进行某种活动。

千里之行，始于足下 (qiān lǐ zhī xíng, shǐ yú zú xià)
行千里远的路程，须从迈第一步开始。比喻要实现远大的目标，须从小处逐步做起。

前事不忘，后事之师 (qián shì bù wàng, hòu shì zhī shī)
不忘记过去的经验教训，是为了作为以后行事的借鉴。

三十年河东，三十年河西 (sān shí nián hé dōng, sān shí nián hé xī)
从前黄河经常泛滥改道，原本在河东的某个地方，若干年后又变成河西边的。比喻世事或人的命运总是处在不断的变化之中，兴衰荣辱，没有定数。

盛名之下，其实难副 (shèng míng zhī xià, qí shí nán fù)
盛名：很大的名声；副：符合，相称。名声很大，实际情况难以与之相称。指名过其实。

食之无味，弃之可惜 (shí zhī wú wèi, qì zhī kě xī)
吃着无滋味，丢掉又可惜。指东西无大用处，但又舍不得丢弃。

成语益智游戏大全

士别三日，刮目相待 (shì bié sān rì, guā mù xiāng dài)
士：有才识的人；刮目：擦一擦眼睛，比喻彻底改变眼光。指分别后，对方进步很快，再相见时，当另眼相看。

螳螂捕蝉，黄雀在后 (táng láng bǔ chán, huáng què zài hòu)
比喻只图眼前利益，却不知背后的祸害即将来临。

桃李不言，下自成蹊 (táo lǐ bù yán, xià zì chéng xī)
蹊：小路。桃树、李树不说话，但由于人们前来赏花摘果，使得树下自然形成了一条路。比喻为人诚挚，自然会受到人们的尊敬，产生极大的感召力。

外举不避仇，内举不避亲 (wài jǔ bù bì chóu, nèi jǔ bù bì qīn)
举：举荐人才；仇：仇人。举荐人才，不回避自己的亲人或与自己有仇的人。形容用人公正无私。

物以类聚，人以群分 (wù yǐ lèi jù, rén yǐ qún fēn)
指同一类的人或事物聚在一起。现多用于贬义，指坏人臭味相投，勾结在一起。

言必信，行必果 (yán bì xìn, xíng bì guǒ)
信：诚信；果：果断。说话一定要讲诚信，做事一定要果断。

一波未平，一波又起 (yī bō wèi píng, yī bō yòu qǐ)
本指江河湖海中的波浪接连不断，前波未平，后波又生。后用来比喻诗文写得波澜起伏，不平淡。

以其昏昏，使人昭昭 (yǐ qí hūn hūn, shǐ rén zhāo zhāo)
昏昏：糊涂；昭昭：明白。用自己糊涂的认识，却想要使别人明白。

第七部分 成语连连看

远在天边，近在眼前
yuǎn zài tiān biān　jìn zài yǎn qián

指要寻找的人或事物就在面前。"远在天边"是反语，用以衬托"近在眼前"。

睁一只眼，闭一只眼
zhēng yī zhī yǎn　bì yī zhī yǎn

比喻对眼前发生的事情装作没看见，不管不问。

知足不辱，知止不殆
zhī zú bù rǔ　zhī zhǐ bù dài

殆：危险。知道满足，就不会蒙受侮辱；知道适可而止，就不会遭逢危险。多指为人应有节制，不可贪得无厌。

三、玩游戏学成语

1. 成语连连看（将下面的成语进行正确的连线）。

一损俱损	以眼还眼
二虎相斗	一鸣惊人
重赏之下	一荣俱荣
不鸣则已	合久必分
仁者见仁	必有勇夫
分久必合	智者见智
以牙还牙	必有一伤

人无千日好　　　庸人自扰之

人往高处走　　　只怕有心人

工欲善其事　　　水往低处流

与君一席话　　　花无百日红

天下本无事　　　铁杵磨成针

世上无难事　　　必先利其器

只要工夫深　　　胜读十年书

2. 根据成语释义，找出相应的成语填在括号中。

　　千锤百炼　　玉石俱焚　　丰功伟绩　　天诛地灭　　一枝独秀
　　犬马相报　　飞扬跋扈　　另辟蹊径　　井井有条　　不伦不类

形容在同类事物中最为突出，最为优秀。（　　　）

比喻经历多次艰苦斗争的锻炼和考验。也指对文章和作品进行多次精心的修改。（　　　）

原指豪放高傲，不受约束。现多形容骄横放肆，目中无人。（　　　）

伟大的功劳和业绩。（　　　）

形容说话办事有条有理。（　　　）

比喻罪恶深重，为天地所不容。（　　　）

既非这一类，又非那一类，形容不成样子或不合规范。（　　　）

表示愿意像狗和马一样听凭驱使，报答对方。（　　　）

好的和坏的一起毁坏。比喻好坏不分，同归于尽。（　　　）

第七部分　成语连连看

另外开辟一条路。比喻另创一种风格或方法。　　　　（　　　）

3. 完成成语推理（根据提供的条件和素材，写出成语）。

陇西　蜀地　得寸进尺　　　　　　　　　　　　　　（　　　）

鸟　子规　传说中望帝的灵魂所化　　　　　　　　　（　　　）

两人目标不一样　走的路不同　互不相让　　　　　　（　　　）

和枣有关　一口吃掉　吃枣不吐核　　　　　　　　　（　　　）

案几　眉毛　比喻夫妻互相敬爱　　　　　　　　　　（　　　）

一种酷刑　跟大瓮有关　以其人之道还治其人之身　　（　　　）

针　毡子　形容心神不宁　　　　　　　　　　　　　（　　　）

放倒旗子　停息战鼓　隐蔽行踪　　　　　　　　　　（　　　）

衣襟　胳膊　顾得了这个，顾不上那个　　　　　　　（　　　）

四、知识链接

中国古代经典著作中的成语（四）

　　《史记》是西汉著名史学家司马迁撰写的一部史书，是中国历史上第一部纪传体通史，被列为"二十四史"之首，记载了从上古传说中的黄帝时代，到汉武帝太初四年间共3000多年的历史。全书包括12本纪（历代帝王政绩）、30世家（诸侯国和汉代诸侯、勋贵兴亡）、70列传（重要人物的言行事迹，主要叙人臣，最后一篇为自序）、10表（大事年表）、8书（各种典章制度），共130篇，52万多字。

　　《史记》被认为是一部优秀的文学著作，被鲁迅誉为"史家之绝唱，无韵之《离骚》"；刘向等人认为此书"善序事理，辩而不华，质而不俚"。书中的成语也是层出不穷，现列举部分如下：

成语益智游戏大全

背水一战、天下无双、海市蜃楼、卧薪尝胆、相见恨晚、破釜沉舟、国士无双、负荆请罪、纸上谈兵、指鹿为马、高屋建瓴、四面楚歌、诸子百家、相得甚欢、多多益善、一飞冲天、完璧归赵、沐猴而冠、围魏救赵、韦编三绝、一诺千金、毛遂自荐、运筹帷幄、睚眦必报、一鸣惊人、门可罗雀、脱颖而出、奇货可居、不约而同、逐鹿中原、约法三章、夜郎自大、声名狼藉、王侯将相、熙熙攘攘、钟鸣鼎食、白虹贯日、首鼠两端、兔死狗烹、正襟危坐、鸡鸣狗盗、期期艾艾、酒池肉林、胯下之辱、一言九鼎、一字千金、不寒而栗、刎颈之交、胶柱鼓瑟、怒发冲冠、博闻强记、鸿鹄之志、作壁上观、独当一面、因势利导、周公吐哺、一饭千金、死灰复燃、助纣为虐、孺子可教、三令五申、杀妻求将、妇人之仁、以貌取人、旁若无人、人心难测、肝脑涂地、沾沾自喜、异军突起、后来居上、杯盘狼藉、一日千里、以暴易暴、青云之上、心向往之、兼容并包、虚左以待、作法自毙、燕雀安知鸿鹄之志……

第八部分

成语改错

一、易错成语集锦

括号前为成语中的易错字,括号内为正确的字。

按步(部)就班	穿(川)流不息	烩灸(脍炙)人口
安(按)兵不动	唇枪舌箭(剑)	火中取粟(栗)
暗(黯)然失色	大气(器)晚成	鸡(机)不可失
百尺杆(竿)头	豆寇(蔻)年华	既往不究(咎)
斑(班)门弄斧	断章取意(义)	洁白无暇(瑕)
半途而费(废)	飞扬拔(跋)扈	竭泽而鱼(渔)
暴珍(殄)天物	分道扬镖(镳)	金榜提(题)名
毕(筚)路蓝缕	纷至踏(沓)来	精兵减(简)政
变本加利(厉)	丰功伟迹(绩)	刻骨民(铭)心
别出新(心)裁	蜂涌(拥)而上	苦心孤旨(诣)
别具将(匠)心	凤毛翱(麟)角	老骥伏励(枥)
病入膏盲(肓)	甘之如怡(饴)	老奸巨滑(猾)
不记(计)其数	各行其事(是)	礼上(尚)往来
不加(假)思索	功亏一溃(篑)	鳞次节(栉)比
不径(胫)而走	骨梗(鲠)在喉	留(流)芳百世
不可明(名)状	鼓(蛊)惑人心	流言非(蜚)语
不落巢(窠)臼	寡不抵(敌)众	略见一班(斑)
不茅(毛)之地	鬼域(蜮)伎俩	买犊(椟)还珠
步步为赢(营)	过尤(犹)不及	美仑(轮)美奂
苍(沧)海桑田	汗流夹(浃)背	迷(弥)天大谎
冲(充)耳不闻	好高鹜(骛)远	棉(绵)里藏针
重蹈复(覆)辙	和霭(蔼)可亲	民生凋蔽(敝)
出奇致(制)胜	和言(颜)悦色	默(墨)守成规
出人投(头)地	虎视耽耽(眈眈)	默默无蚊(闻)
揣揣(惴惴)不安	怙恶不俊(悛)	沤(呕)心沥血

第八部分　成语改错

旁证（征）博引	谈笑风声（生）	一愁（筹）莫展
凭（平）心而论	提心掉（吊）胆	一股（鼓）作气
奇（其）乐无穷	天翻地复（覆）	一诺千斤（金）
器（气）度不凡	投桃抱（报）李	遗（贻）笑大方
洽（恰）如其分	危如垒（累）卵	以德抱（报）怨
千均（钧）一发	危言悚（耸）听	以警（儆）效尤
清（青）山绿水	闻（文）过饰非	以身作责（则）
磐（罄）竹难书	无讥（稽）之谈	异曲同功（工）
趋之若鹜（鹜）	无计（济）于事	阴谋鬼（诡）计
惹事（是）生非	无屑（懈）可击	饮鸠（鸩）止渴
人（仁）至义尽	无原（缘）无故	应接不遐（暇）
人才挤挤（济济）	细枝末结（节）	永（勇）往直前
人情事（世）故	相形见拙（绌）	忧（优）柔寡断
如法泡（炮）制	向偶（隅）而泣	悠（优）哉游哉
如愿以尝（偿）	消（销）声匿迹	语无纶（伦）次
弱不经（禁）风	心安礼（理）得	渊源（源远）流长
色彩斑澜（斓）	心无旁鹜（骛）	越阻（俎）代庖
蹒蹒（姗姗）来迟	心心相映（印）	再接再励（厉）
稍（少）安毋躁	辛辛（莘莘）学子	责无旁代（贷）
神彩（采）飞扬	星罗旗（棋）布	仗义直（执）言
食不裹（果）腹	虚座（左）以待	直接（截）了当
手（首）屈一指	喧（轩）然大波	蛛丝蚂（马）迹
受益非（匪）浅	炫（烜）赫一时	专心至（致）志
梳装（妆）打扮	循规蹈炬（矩）	姿（恣）意妄为
水乳交溶（融）	淹（湮）没无闻	自怨自弋（艾）
水泻（泄）不通	淹淹（奄奄）一息	纵横俾（捭）阖
所向披糜（靡）	言简意该（赅）	坐想（享）其成
坛（昙）花一现	摇摇欲堕（坠）	字字珠肌（玑）

二、重点成语释义

àn rán shī sè
黯然失色　指事物失去了原有的色泽和光彩。也指心情沮丧，显出无精打采的样子。

近义　相形见绌　　反义　光彩夺目

示例　他的报告实在太精彩了，使得其他人都黯然失色了。

biàn běn jiā lì
变本加厉　厉：猛烈。指变得比原来更进一步。现指情况变得比原来更加严重。

近义　肆无忌惮　　反义　微不足道

示例　他因虐待父母受到村里人的指责，没想到他不思悔改，反而变本加厉地将他们赶出了家门。

bìng rù gāo huāng
病入膏肓　形容病情十分严重，无法医治。比喻事情到了无法挽救的地步。

近义　无可救药　　反义　起死回生

示例　尽管爷爷已经病入膏肓，但他乐观的精神值得我们每一个人去学习。

bù jìng ér zǒu
不胫而走　没有腿却能跑。比喻事物无需推行，就已被迅速地传播开。

近义　风行一时　　反义　秘而不宣

示例　胜利的消息不胫而走，很快大家都知道了。

bù luò kē jiù
不落窠臼　窠：鸟巢；臼：舂米的石器。比喻有独创的风格，不落旧套。

近义　别出心裁　　反义　如法炮制

示例　她的文章不落窠臼，立意新颖，获得了阅卷老师的一致好评。

第八部分 成语改错

飞扬跋扈 fēi yáng bá hù
形容豪放高傲，不受约束。现多形容骄横放肆，目中无人。
- 近义 横行霸道
- 反义 平易近人
- 示例 他仗着业绩好，在同事面前飞扬跋扈，大家都对他避而远之。

分道扬镳 fēn dào yáng biāo
分路而行。比喻目标不同，各走各的路或各干各的事。
- 近义 各奔前程
- 反义 志同道合
- 示例 他们的价值观完全不一样，最终分道扬镳了。

甘之如饴 gān zhī rú yí
感到像糖那样甜。指为了从事某种工作，甘愿承受艰难、痛苦，以之为乐。
- 近义 心甘情愿
- 反义 苦不堪言
- 示例 军旅生活虽然艰苦，但战士们甘之如饴，甘愿为祖国抛洒热血。

各行其是 gè xíng qí shì
各人按照自己认为正确的去做。比喻各搞一套。
- 近义 自行其是
- 反义 齐心协力
- 示例 如果大家各行其是，团队就无法一致行动，团结对外。

虎视眈眈 hǔ shì dān dān
眈眈：注视的样子。形容凶狠而贪婪地注视着，伺机攫取。
- 近义 凶相毕露
- 反义 含情脉脉
- 示例 敌人对于我国的领海一直虎视眈眈，我们必须坚决捍卫自己的主权。

怙恶不悛 hù è bù quān
怙：依靠，依仗；悛：悔改。坚持作恶，不肯悔改。
- 近义 死不悔改
- 反义 痛改前非

> 示例 对于怙恶不悛的犯罪分子，我们坚决打击，绝不手软。

jié zé ér yú
竭泽而渔

排尽湖中或池中的水捕鱼。比喻只顾眼前利益，不作长远打算。

> 近义 涸泽而渔　　反义 从长计议
> 示例 我们不能为了眼前利益竭泽而渔。

lǎo jì fú lì
老骥伏枥

比喻有志向的人虽然年老，仍有雄心壮志。

> 近义 老当益壮　　反义 老态龙钟
> 示例 他退休多年仍在努力钻研科研工作，真是"老骥伏枥，壮心不已"啊。

lín cì zhì bǐ
鳞次栉比

像鱼鳞和梳子齿那样有次序地排列着。形容密集、整齐排列的样子。

> 近义 星罗棋布　　反义 参差不齐
> 示例 村里的房子鳞次栉比地立在公路的两旁，甚是美观。

lüè jiàn yī bān
略见一斑

比喻大致看到一些情况，但不够全面。

> 近义 管中窥豹　　反义 入木三分
> 示例 看过论文的提纲和目录，虽不了解细节，但对主题思想略见一斑了。

páng zhēng bó yǐn
旁征博引

指说话或写文章时广泛、大量地引用材料作为依据或例证。

> 近义 引经据典　　反义 理屈词穷
> 示例 她的文章虽然篇幅不长，但旁征博引，让人百读不厌。

第八部分　成语改错

qìng zhú nán shū
罄竹难书
罄：尽，完；竹：古时用来写字的竹简。形容罪行多得写不完。

近义 罪大恶极　　**反义** 宅心仁厚

示例 日军在中华大地犯下的罪过，实在是罄竹难书。

shǎo ān wú zào
少安毋躁
少：稍微，暂时；毋：不要；躁：急躁。暂且安定一会儿，不要急躁。

近义 安之若素　　**反义** 心急如焚

示例 既然来到了这儿，我们就少安毋躁，耐心地等待会议的开始。

wēi rú lěi luǎn
危如累卵
比喻形势非常危险，如同堆起来的蛋，随时都有塌下打碎的可能。

近义 风雨飘摇　　**反义** 固若金汤

示例 在我军的强势攻击下，敌军占领的城市危如累卵，随时有被攻下的可能。

wén guò shì fēi
文过饰非
文、饰：掩饰；过、非：错误。用漂亮的言词掩饰自己的过失和错误。

近义 欲盖弥彰　　**反义** 洗心革面

示例 犯了错误要敢于承认，文过饰非只会让自己越陷越深。

xīn wú páng wù
心无旁骛
旁：另外的；骛：追求。心里没有另外的追求。形容注意力集中，专心致志。

近义 专心致志　　**反义** 三心二意

示例 她的目标非常明确，心无旁骛地备战高考。

成语益智游戏大全

虚左以待 (xū zuǒ yǐ dài)
虚：空着；左：古时以左为尊；待：等待。空着尊位恭候别人。
近义 虚位以待　　反义 座无虚席
示例 今晚我们虚左以待，期待奥运健儿的大驾光临。

贻笑大方 (yí xiào dà fāng)
贻：留下；贻笑：让人笑话；大方：专家、内行人。指让内行人笑话。
近义 班门弄斧　　反义 流芳千古
示例 在各位大师面前，我不敢说出自己的意见，免得贻笑大方。

越俎代庖 (yuè zǔ dài páo)
俎：古代祭祀时摆祭品的礼器；庖：厨师。比喻超过权限办事或包办代替。
近义 牝鸡司晨　　反义 各司其职
示例 孩子能做的事，家长不要越俎代庖。

责无旁贷 (zé wú páng dài)
贷：推卸。自己应尽的责任，不能推卸给旁人。
近义 义不容辞　　反义 推三阻四
示例 孝敬父母是我们责无旁贷的义务。

三、玩游戏学成语

1. 请给下列成语中加点的字注音。

纵横捭（　　）阖　　如法炮（　　）制　　踌躇（　　）满志

科头跣（　　）足　　饮鸩（　　）止渴　　蹉（　　）跎岁月

第八部分 成语改错

刚愎（　）自用
茕（　）茕孑立
惟妙惟肖（　）

百战不殆（　）
断壁残垣（　）
寻衅（　）闹事

不稼不穑（　）
挑拨离间（　）
茅塞（　）顿开

买椟（　）还珠
未雨绸缪（　）
骇（　）人听闻

嗟（　）来之食
殚（　）精竭虑
唾（　）手可得

弃若敝屣（　）
阿（　）谀奉承
义愤填膺（　）

2. 请找出下列成语中的错别字，更正在括号中。

指桑骂魁（　）
一丝不苟（　）
销烟弥漫（　）

忠贞不喻（　）
形单影支（　）
咕名钓誉（　）

望眼欲川（　）
为虎作帐（　）
欲盖弥璋（　）

唉鸿遍野（　）
陈词烂调（　）
禀公无私（　）

气惴吁吁（　）
衣不敝体（　）
小惩大戒（　）

嗅味相投（　）
座以待毙（　）
模凌两可（　）

3. 根据下面的故事内容，猜出正确的成语。

从前一个外国和尚到一座中国庙里烧香，庙里的小和尚问他何姓何国人，外国和尚不懂他的话，跟着说何姓何国人。小和尚向住持报告：外面来了一个何国姓何的和尚。众和尚纷纷出来看热闹，搞得大家啼笑皆非。

成语：_____

西汉时期，有一个名叫义纵的人，公正无私，不惧权贵，能严格执行法令。于是，汉武帝把他派到秩序非常混乱的定襄担任太守。

义纵一到定襄，就采取了十分严厉的措施。他从在监狱服刑的罪犯中挑出200多名重罪轻判并且有私自解脱桎梏行为的犯人，从重判决，斩首示众；同时，将200多名私自到监狱探望这些重犯并帮助他们逃跑的人一并斩首。

这件事在定襄地区引起了极大的轰动。此时虽然天气不寒冷，可是有些人却心惊胆战，浑身发抖。那些过去有过犯罪行为的人，从此之后便老实多了。

成语：_____

古时候，有个年轻人勤奋好学，每天废寝忘食，从早学到晚。时间久了，他累得直打瞌睡。他怕睡觉影响自己读书学习，就想出了一个特别的办法，用一根绳子，一头牢牢地绑在房梁上，另一头系在头发上。当他读书疲劳打盹时，头一低，绳子就会扯住头发，他一下就会痛得清醒了，继续读书学习。

还有一个年轻人，由于学问不深，被人瞧不起，所以他下定决心发奋读书。他常常读书到深夜，很疲倦，想睡觉。于是，他想出了一个方法，只要一打瞌睡，他就用锥子往自己的大腿上刺一下。这样，猛然间感到疼痛，使自己清醒起来，然后继续坚持读书。

成语：_____

第八部分　成语改错

四、知识链接

中国古代经典著作中的成语（五）

《老子》是春秋时期老子（李耳）的作品，又称《道德经》《五千言》等，是道家哲学思想的重要来源。该书分上下两篇，前37章为《道经》，之后为《德经》，共81章。

《老子》论述修身、治国、用兵、养生之道，而多以政治为旨归，被誉为"万经之王"。据联合国教科文组织统计，它是除了《圣经》以外被译成外国文字发行量最多的文化名著。全书用800多个汉字写成了5000多字的不朽之作，其中出现和使用的成语更是浓缩了其精华，现列举部分如下：

> 玄之又玄、功成不居、和光同尘、天长地久、金玉满堂、目迷五色、涣然冰释、虚怀若谷、知雄守雌、知白守黑、天道好还、自知之明、无中生有、大器晚成、大音希声、大象无形、若存若亡、大巧若拙、大辩若讷、出生入死、祸福相倚、长生久视、深根固蒂、轻诺寡言、慎终如始、俭故能广、哀兵必胜、寸进尺退、天网恢恢、老死不相往来、小国寡民、无为而治、少私寡欲、损之又损、赤子之心、千里之行，始于足下……

第九部分

成语迷宫

第九部分　成语迷宫

一、成语走迷宫

以成语接龙的方式最快捷地走出迷宫，每条线路只可通过一次。

1. 以"点"字为起点，"风"字为终点，走出下边的迷宫

点	石	之	美	笔	抹	呼	百	手	下
头	成	人	不	一	杀	一	心	应	留
之	金	玉	行	空	百	儆	得	接	情
交	头	良	言	不	不	动	两	自	不
空	天	阔	济	共	失	一	举	胜	券
穴	填	海	世	忠	和	人	利	地	在
来	山	长	之	才	高	背	天	喜	握
风	移	星	转	斗	八	酸	欢	言	手

示例：点石成金　金玉良言　言行不一　一笔抹杀　杀一儆百　百不失一　一举两得　得心应手　手下留情　情不自胜　胜券在握　握手言欢　欢天喜地　地利人和　和忠共济　济世之才　才高八斗　斗转星移　移山填海　海阔天空　空穴来风

2. 以"笑"字为起点，"流"字为终点，走出下边的迷宫

笑	声	魂	落	魄	飞	沙
口	常	失	常	散	魂	走
不	开	可	不	沙	下	石
布	诚	实	机	惊	天	破
公	可	乘	之	天	青	口
私	小	同	意	动	岁	月
分	明	非	久	地	百	如
别	辨	是	天	长	命	流

示例：笑口常开　开诚布公　公私分明　明辨是非　非同小可　可乘之机　机不可失　失魂落魄　魄散魂飞　飞沙走石　石破天惊　惊天动地　地久天长　长命百岁　岁月如流

159

3. 以"暑"字为起点,以"伏"字为终点,走完下边的迷宫

示例:暑来寒往 往来如织 织锦回文 文思敏捷 捷足先登 登峰造极 极负盛名 名目繁多 多此一举 举世瞩目 目光如鼠 鼠目寸光 光怪陆离 离题万里 里勾外连 连绵起伏

4. 以"多"字为起点,"长"字为终点,走出下边的迷宫

多	才	高	木	三	分	秒	前	恐	后	继
彩	多	艺	入	口	不	必	争	先	来	有
缤	益	不	来	从	始	至	终	上	居	人
纷	善	压	百	病	入	膏	育	云	亦	云
巧	言	身	心	交	耳	出	托	泥	见	日
语	花	力	所	头	售	人	盘	之	别	有
重	生	下	笔	接	料	意	和	二	为	洞
心	如	花	之	耳	事	顺	气	平	一	天
长	风	浪	来	神	如	心	来	心	良	地

示例:多才多艺 艺不压身 身心交病 病从口入 入木三分 分秒必争 争先恐后 后继有人 人云亦云 云泥之别 别有洞天 天地良心 心平气和 和盘托出 出人意料 料事如神 神来之笔 笔下生花 花言巧语 语重心长

第九部分　成语迷宫

5. 以"时"字为起点,"诈"字为终点,走完下边的迷宫

时	过	断	章	取	义	不	诈
来	运	立	机	当	仁	容	我
声	转	悲	容	敢	旧	辞	虞
色	犬	为	喜	不	迎	接	尔
横	趣	口	闻	愧	新	婚	燕
生	妙	见	乐	无	好	学	勤
死	不	势	宝	心	问	罪	于
相	至	不	到	渠	立	业	精
依	山	傍	水	成	家	和	万

示例：时来运转　转悲为喜　喜闻乐见　见势不妙　妙趣横生　生死相依　依山傍水　水到渠成　成家立业　业精于勤　勤学好问　问心无愧　愧不敢当　当机立断　断章取义　义不容辞　辞旧迎新　新婚燕尔　尔虞我诈

6. 以"羊"字为起点,"己"字为终点,走完下边的迷宫

羊	肠	小	道	严	于	律	己
毛	手	心	听	词	是	关	自
不	三	说	途	正	义	思	名
二	道	理	所	应	正	想	顾
风	四	面	楚	取	义	无	反
平	方	向	歌	章	力	所	能
心	平	升	舞	断	不	连	接
而	此	去	经	云	朵	开	暇
论	功	行	赏	心	悦	目	不

示例：羊肠小道　道听途说　说三道四　四面楚歌　歌舞升平　平心而论　论功行赏　赏心悦目　目不暇接　接连不断　断章取义　义无反顾　顾名思义　义正词严　严于律己

7. 以"心"字为起点,"地"字为终点,走完下面的迷宫

心	平	心	而	论	松	平	宝
想	气	和	气	生	稀	常	里
事	成	盘	托	财	人	年	累
长	方	实	出	人	广	光	月
歌	日	于	事	头	地	剑	光
当	来	擒	无	补	头	影	如
哭	天	到	手	贵	利	涨	水
地	抢	遥	远	抬	高	船	然

示例:心平气和 和盘托出 出人头地 地广人稀 稀松平常 常年累月 月光如水 水涨船高 高抬贵手 手到擒来 来日方长 长歌当哭 哭天抢地

8. 以"不"字为起点,"顿"字为终点,走完下面的迷宫

不	由	分	工	合	作	贼	心	虚	大	恶	煞	风	欲
毛	手	说	三	道	小	题	大	必	相	神	所	景	为
之	毛	脚	三	四	大	皆	有	露	凶	凶	为	成	事
地	广	阔	两	相	上	空	穴	来	势	在	人	之	美
人	稀	世	两	不	下	洞	口	风	雨	同	心	同	德
满	为	患	者	欠	不	为	例	雪	离	舟	车	劳	顿

示例:不由分说 说三道四 四大皆空 空穴来风 风雨同舟 舟车劳顿

第九部分　成语迷宫

9. 以"金"字为起点,"秋"字为终点,走完下面的迷宫

口	干	从	长	计	上	沓	来	者	千	应	外	合	拍	秋
不	舌	计	歌	议	心	至	上	不	远	里	忧	二	手	三
择	言	听	当	论	纷	纷	励	拒	人	千	内	为	一	日

示例：口不择言　言听计从　从长计议　议论纷纷　纷至沓来　来者不拒　拒人千里　里应外合　合二为一　一日三秋

10. 按照成语中"一、二、三……十"的数字顺序,找到迷宫的入口和出口

一	场	虚	惊	七	步	七	窍	八
心	一	步	一	旺	之	才	玲	珑
二	就	到	位	兴	孤	之	面	八
分	而	蹴	一	畜	六	尺	见	光
明	月	二	竖	斑	斓	六	全	九
说	不	话	为	彩	五	毒	俱	朽
三	从	二	灾	五	天	朝	罢	一
顾	茅	生	有	十	而	脚	十	窗
草	庐	三	幸	三	立	四	年	寒

示例：一场虚惊　一步到位　一蹴而就　二分明月　二竖为灾　二话不说　三顾茅庐　三生有幸　三十而立　四脚朝天　五彩斑斓　五毒俱全　六尺之孤　六畜兴旺　七步之才　七窍玲珑　八面见光　九朽一罢　十年寒窗

二、重点成语释义

jīn yù liáng yán
金玉良言　金玉：黄金和美玉。指像黄金和美玉一样宝贵的教诲或劝告。
- 近义　肺腑之言　　反义　冷言冷语
- 示例　我们一定要谨记老一辈的金玉良言。

shā yī jǐng bǎi
杀一儆百　儆：警告。处死一个人，借以警戒许多人。
- 近义　以儆效尤　　反义　既往不咎
- 示例　为了整顿班级纪律，老师决定杀一儆百，让带头闹事的学生回去请家长。

kāi chéng bù gōng
开诚布公　开诚：敞开胸怀，显示诚意。指以诚心待人，坦白无私。
- 近义　以诚相待　　反义　钩心斗角
- 示例　朋友之间一定开诚布公，才能让友谊长存。

fēi tóng xiǎo kě
非同小可　小可：寻常的。指情况严重或事情重要，不能轻视。
- 近义　非同寻常　　反义　无足轻重
- 示例　此事非同小可，我们一定要慎重对待。

suì yuè rú liú
岁月如流　形容时光消逝如流水之快。
- 近义　日月如梭　　反义　度日如年
- 示例　岁月如流，我们要珍惜当下的每分每秒。

jié zú xiān dēng
捷足先登　比喻行动快的人先达到目的或先得到所求的东西。
- 近义　及锋而试　　反义　姗姗来迟

164

第九部分　成语迷宫

示例 他捷足先登，抢先竞争对手向市场发布了自己的新产品。

光怪陆离　guāng guài lù lí

光怪：光彩奇异；陆离：色彩繁杂。形容奇形怪状，五颜六色。

近义 千奇百怪　　**反义** 平淡无奇

示例 这次灯会上的花灯，光怪陆离，让人流连忘返。

连绵起伏　lián mián qǐ fú

连绵：连续不断的样子；起伏：高低不平。连续不断而且起伏不平。

近义 连绵不断　　**反义** 一马平川

示例 远处连绵起伏的山峰在薄雾中若隐若现。

艺不压身　yì bù yā shēn

艺：技艺。技艺不会压垮身体。比喻人学会的技艺越多越好。

近义 多才多艺　　**反义** 不学无术

示例 虽然艺不压身，但我们也不能强迫孩子报太多的课外班。

分秒必争　fēn miǎo bì zhēng

一分一秒也一定要争取。形容抓紧时间。

近义 争分夺秒　　**反义** 蹉跎岁月

示例 比赛在即，他分秒必争地投入训练之中。

前仰后合　qián yǎng hòu hé

身体前后晃动。形容大笑或困倦得直不起腰的样子。

近义 东倒西歪　　**反义** 呼天抢地

示例 他们表演的小品把大家逗得前仰后合。

喜闻乐见 xǐ wén lè jiàn
喜欢听，乐意看。指很受欢迎。
- 近义 喜闻乐道
- 反义 惨不忍睹
- 示例 相声是大家喜闻乐见的一种艺术表演形式。

妙趣横生 miào qù héng shēng
美妙的意趣层出不穷。多用于形容言谈话语和文章。
- 近义 妙不可言
- 反义 味同嚼蜡
- 示例 他很幽默，说起话来妙趣横生。

尔虞我诈 ěr yú wǒ zhà
尔：你；虞、诈：欺骗。表示彼此互相欺骗。
- 近义 明争暗斗
- 反义 开诚布公
- 示例 这种尔虞我诈的行为，最终将会害人害己。

道听途说 dào tīng tú shuō
在路上听来的话，又在路上向人传播。泛指没有根据的传闻。
- 近义 小道消息
- 反义 言之凿凿
- 示例 我们不能轻信这种道听途说的小道消息，要根据事实来下结论。

平心而论 píng xīn ér lùn
平心：心情平和，不动感情；论：评论。平心静气地给予客观评价。
- 近义 公私分明
- 反义 弄虚作假
- 示例 平心而论，他工作真的很努力，只是方法上总不得要领。

顾名思义 gù míng sī yì
顾：看；义：意义，含义。从名称想到所包含的意义。
- 近义 望文生义
- 反义 百思不解
- 示例 双休日，顾名思义就是休息两天。

第九部分　成语迷宫

chū rén tóu dì
出人头地
指高人一等。形容德才超众或成就突出。

近义 卓尔不群　　**反义** 相形见绌

示例 他勤学苦练，总有一天能够在音乐界出人头地的。

kōng xué lái fēng
空穴来风
有孔洞便会进风。比喻消息和谣言的产生都是有原因和根据的。现多用来指消息和传闻毫无根据。

近义 无中生有　　**反义** 班班可考

示例 这件事情虽然还未经证实，但看起来并不像是空穴来风。

zhōu chē láo dùn
舟车劳顿
形容旅途疲劳困顿。

近义 风尘仆仆　　**反义** 生龙活虎

示例 张教授不顾舟车劳顿，一下飞机就赶往会场作报告。

kǒu bù zé yán
口不择言
指说话不加考虑，言辞不当。

近义 口无遮拦　　**反义** 谨言慎行

示例 妈妈正在气头上，口不择言地骂了她一顿。

fēn zhì tà lái
纷至沓来
形容接连不断地纷纷到来。

近义 接踵而至　　**反义** 门可罗雀

示例 公园里鲜花盛开，游客们纷至沓来尽情赏花。

lǐ yìng wài hé
里应外合
应：接应；合：配合。外面攻打，里面接应。

近义 里勾外连　　**反义** 孤立无援

示例 尽管敌人严防死守，但我军里应外合，迅速挫败了敌人的阴谋。

yī cù ér jiù
一蹴而就
就：成功。踏一步就成功。比喻事情轻而易举，一下子就成功。

近义 一举成名　　**反义** 披沙拣金

示例 所有的成功都不是一蹴而就的，只有努力付出才能赢得未来。

wǔ cǎi bān lán
五彩斑斓
斑斓：颜色驳杂，灿烂多彩。表示颜色非常好看，色彩相当丰富。

近义 五颜六色　　**反义** 黯然失色

示例 五彩斑斓的蝴蝶在花丛中翩翩起舞。

qī bù zhī cái
七步之才
形容才思敏捷。

近义 七步成诗　　**反义** 江郎才尽

示例 曹植以七步之才留名青史。

三、玩游戏学成语

1. 完成成语接龙。

请分别以"家"字打头和结尾，进行成语接龙。

第九部分　成语迷宫

请分别以成语"绝处逢生"开头和结尾,进行成语接龙。

绝	处	逢	生	生			时	时		运		败	胜
													胜
远			而		及	及			鞭	鞭	加		任
湮	湮	没				风	而			如		兔	兔		狐

生 逢 处 绝 绝 欲

2. 完成成语走迷宫(请找到迷宫中合适的入口和出口,每个成语都以"千"开头,且每条线路只通过一次)。

					千				
				万	变	万			
			千	化	千	金	不		
		绝	古	百	媚	千	换	千	
	千	唱	千	娇	千	秋	千	钧	一
千	呼	万	唤	千	业	大	毛	鹅	发	千
	之	乘	千	人	百	顺	千	里	千
	国	千	指	所	依	千	言	万	语
	万	丝	千	态	千	人	千	绪	千
	缕	千	真	百	十	一	面	万	头
	千	逢	万	姿	万	难	千	秋	千
	载	难	确	千		难	千	代	万	千

169

3. 根据拼音写成语。

yīng gē yàn wǔ	qiān lǐ tiáo tiáo	nán yuán běi zhé
guǎn zhōng kuī bào	fēng cān lù sù	mǎi dú huán zhū
guā shú dì luò	chà zǐ yān hóng	bó lǎn qún shū
jī ji zhā zhā	chóng shān jùn lǐng	zī zī bù juàn
xǔ xǔ rú shēng	xuán yá qiào bì	qiè ér bù shě
huǎng rán dà wù	cāng cuì yù dī	niè shǒu niè jiǎo

四、知识链接

中国古代经典著作中的成语（六）

《诗经》是我国最早的一部诗歌总集，现存305篇，相传为孔子编订。其内容分为《风》《雅》《颂》三个部分。《风》是各地的民歌，有160篇；《雅》是周人的正声雅乐，又分《小雅》和《大雅》，共105篇；《颂》是周王庭和贵族宗庙祭祀的乐歌，又分为《周颂》《鲁颂》和《商颂》，共40篇。《诗经》也是成语的重要来源之一。

第九部分　成语迷宫

切磋琢磨（《卫风·淇奥》）

万寿无疆（《豳（bīn）风·七月》）

一日不见，如隔三秋（《王风·采葛》）

不可救药（《大雅·板》）

暴虎冯河（《小雅·小旻》）

出口成章（《小雅·都人士》）

如兄如弟（《邶（bèi）风·谷风》）

未雨绸缪（《豳（bīn）风·鸱（chī）鸮（xiāo）》）

忧心如焚（《小雅·节南山》）

人言可畏（《郑风·将仲子》）

……

小心翼翼（《大雅·大明》）

哀鸿遍野（《小雅·鸿雁》）

毕恭毕敬（《小雅·小弁（biàn）》）

言者无罪，闻者足戒（《周南·关雎·序》）

言之谆谆，听之藐藐（《大雅·抑》）

夭桃秾李（《周南·桃夭》）

燕尔新婚（《邶风·谷风》）

燕翼贻谋（《大雅·文王有声》）

伊于胡底（《小雅·小旻》）

衣冠楚楚（《曹风·蜉蝣》）

第十部分

近义成语与反义成语

第十部分 近义成语与反义成语

一、近义成语

成语中含有一对近义词。

跋山涉水	高谈阔论	旁敲侧击	拖家带口
百依百顺	高瞻远瞩	抛头露面	万紫千红
半斤八两	瓜田李下	披头散发	洗心革面
背井离乡	国泰民安	品头论足	兴师动众
冰清玉洁	含沙射影	平心静气	眼疾手快
冰天雪地	豪言壮语	七零八落	吆五喝六
不知不觉	和颜悦色	七拼八凑	摇头摆尾
察言观色	胡言乱语	千变万化	移风易俗
姹紫嫣红	虎背熊腰	千锤百炼	逸闻轶事
沉鱼落雁	花红柳绿	千头万绪	义正词严
粗枝大叶	欢天喜地	千辛万苦	意乱心迷
打情骂俏	鸡鸣狗盗	强词夺理	莺声燕语
大刀阔斧	见多识广	轻描淡写	拈花惹草
刀光剑影	金枝玉叶	日新月异	只言片语
道听途说	救死扶伤	三宫六院	枝折花落
发号施令	聚精会神	三年五载	志同道合
翻山越岭	枯枝败叶	生龙活虎	栉风沐雨
返璞归真	狼吞虎咽	撕心裂肺	珠联璧合
防微杜渐	狼心狗肺	天翻地覆	珠圆玉润
飞禽走兽	龙腾虎跃	天造地设	装模作样
粉身碎骨	门当户对	调兵遣将	装神弄鬼
改朝换代	摩肩接踵	铜墙铁壁	自由自在
位尊权重	有钱有势		

二、反义成语

四字成语中有两个字意思相反或相对。

1. 成语中前两个字意思相反

左右开弓　　阴阳怪气　　始终如一　　黑白分明　　上下一心
功败垂成　　生死攸关　　轻重缓急　　进退两难　　是非曲直
进退维谷　　左右逢源　　悲喜交加　　本末倒置

2. 第一个字和第三个字意思相反

朝三暮四　　横七竖八　　南腔北调　　水深火热　　异口同声
出生入死　　今非昔比　　内忧外患　　死去活来　　异曲同工
大街小巷　　苦尽甘来　　前因后果　　天高地厚　　阴差阳错
大惊小怪　　来龙去脉　　弱肉强食　　天罗地网　　有恃无恐
东奔西走　　冷嘲热讽　　上行下效　　阳奉阴违　　早出晚归
古为今用　　里应外合　　深入浅出　　先来后到　　左顾右盼
有备无患

3. 第一个字和第四个字意思相反

公而忘私　　无中生有　　生老病死　　瑕不掩瑜　　死而复生
死里逃生　　乐极生悲　　喜极而泣　　公正无私　　朝不保夕

4. 第二个字和第四个字意思相反

避重就轻　　翻来覆去　　欢天喜地　　貌合神离　　声东击西
承前启后　　反败为胜　　假公济私　　拈轻怕重　　挑肥拣瘦　　嘘寒问暖
承上启下　　飞短流长　　街头巷尾　　弄巧成拙　　同甘共苦　　扬长避短
尺短寸长　　顾此失彼　　今是昨非　　七上八下　　喜新厌旧　　争先恐后
除旧布新　　化敌为友　　空前绝后　　取长补短　　凶多吉少　　转危为安
醉生梦死　　　　　　　　　　　　　　　　　　　　　　　　　　自始至终

第十部分 近义成语与反义成语

5. 后两个字意思相反

混淆黑白　　　一决雌雄　　　无足轻重　　　举足轻重
人情冷暖　　　礼尚往来　　　颠倒是非　　　成败得失

三、重点成语释义

bèi jǐng lí xiāng
背井离乡　背：离开；井：古制八家为井，引申为乡里，家宅。离开家乡到外地。

- 近义　颠沛流离　　反义　叶落归根
- 示例　战争年代，他们一家不得不背井离乡。

chá yán guān sè
察言观色　察：详审。琢磨别人的言语，观察别人的脸色。多指揣摸别人的心意。

- 近义　见风使舵　　反义　循规蹈矩
- 示例　岁月的磨砺让他学会了察言观色。

cū zhī dà yè
粗枝大叶　比喻工作粗糙，不认真细致。

- 近义　粗制滥造　　反义　精雕细琢
- 示例　你做事总是这么粗枝大叶，总有一天会吃亏的。

dà dāo kuò fǔ
大刀阔斧　比喻办事果断而有魄力。

- 近义　大张旗鼓　　反义　畏手畏尾
- 示例　这次公司大刀阔斧的改革取得了良好的成效。

fǎn pú guī zhēn
返璞归真　去掉外饰，还其本质。比喻回到原来的自然状态。

| 近义 | 洗尽铅华 | 反义 | 矫揉造作 |

示例 现如今,生活在大城市里的很多人都羡慕农村返璞归真的生活。

金枝玉叶 jīn zhī yù yè

原形容花木枝叶美好。后多指皇族子孙。现也比喻出身高贵或柔弱的人。

| 近义 | 琼枝玉叶 | 反义 | 村夫俗子 |

示例 她被父母娇惯得像一个金枝玉叶的大小姐,吃不得一点苦。

聚精会神 jù jīng huì shén

会:集中。形容精神高度集中。

| 近义 | 专心致志 | 反义 | 心神不定 |

示例 学生们都聚精会神地在听老师讲课。

旁敲侧击 páng qiāo cè jī

比喻说话、写文章不从正面直接点明,而是从侧面曲折地加以讽刺或抨击。

| 近义 | 拐弯抹角 | 反义 | 直言不讳 |

示例 为了不打草惊蛇,警察只是旁敲侧击地问了几个无关紧要的问题。

轻描淡写 qīng miáo dàn xiě

原指描绘时用浅淡的颜色轻轻地着笔。现多指说话写文章把重要问题轻轻带过。

| 近义 | 不痛不痒 | 反义 | 浓墨重彩 |

示例 他轻描淡写地向大家讲述了这件事情的经过。

调兵遣将 diào bīng qiǎn jiàng

调动兵力,派遣将领。泛指调动安排人力。

第十部分 近义成语与反义成语

近义 招兵买马　　反义 按兵不动
示例 面对突如其来的洪水，市委领导调兵遣将，连夜奋战，保护了人民群众的生命财产安全。

眼疾手快 yǎn jí shǒu kuài
形容做事机警敏捷。
近义 眼明手快　　反义 麻木不仁
示例 她眼疾手快地躲过了对面飞来的足球。

栉风沐雨 zhì fēng mù yǔ
风梳发，雨洗头。形容人经常在外面不顾风雨地辛苦奔波。
近义 风餐露宿　　反义 养尊处优
示例 建筑工人们常年在外栉风沐雨，非常辛苦。

功败垂成 gōng bài chuí chéng
垂：接近，快要。事情在将要成功的时候遭到了失败。
近义 功亏一篑　　反义 水到渠成
示例 任何一个小小的误差，都会让卫星的发射功败垂成，所以我们在试验过程中一定要小心谨慎。

进退维谷 jìn tuì wéi gǔ
无论是进还是退，都是处在困境之中。形容进退两难。
近义 进退两难　　反义 进退自如
示例 目前的状况让人进退维谷，他有点无所适从。

本末倒置 běn mò dào zhì
比喻把主次、轻重的位置弄颠倒了。
近义 舍本逐末　　反义 本末相顺
示例 我们要合理安排每天的工作，不要本末倒置。

大惊小怪 dà jīng xiǎo guài
形容对不足为奇的事情过分惊诧和紧张。

近义 少见多怪　　反义 不足为奇
示例 她向来我行我素，大家没必要对她做的事情大惊小怪。

冷嘲热讽 lěng cháo rè fěng
用尖刻辛辣的语言进行讥笑和讽刺。

近义 冷言冷语　　反义 真诚以待
示例 当别人遇到困难的时候，我们要伸出援助之手，而不要冷嘲热讽。

上行下效 shàng xíng xià xiào
效：仿效，跟着学。上面的人怎么做，下面的人就跟着怎么干。

近义 言传身教　　反义 阳奉阴违
示例 领导在工作中要以身作则，这样才能上行下效，提高团队的凝聚力。

死去活来 sǐ qù huó lái
形容备受折磨或极度痛苦、悲伤或气愤。

近义 痛不欲生　　反义 平心静气
示例 听到母亲去世的噩耗，她哭得死去活来。

异曲同工 yì qǔ tóng gōng
比喻不同的作品同样精妙。也比喻方式或做法虽然不同，却收到了相同的效果。

近义 殊途同归　　反义 见仁见智
示例 这两栋小楼的外观设计，有异曲同工之妙。

有恃无恐 yǒu shì wú kǒng
恃：倚仗，依靠。因为有所依仗而毫不害怕，或毫无顾忌。

近义 仗势欺人　　反义 胆小怕事
示例 土匪们在乡里横行霸道，有恃无恐。

第十部分 近义成语与反义成语

承上启下 chéng shàng qǐ xià
接续上面的并引出下面的。
- 近义 承前启后
- 反义 另辟蹊径
- 示例 这个过渡段落在文章里起到了承上启下的作用。

空前绝后 kōng qián jué hòu
从前没有过，今后也不会再有。夸张性地形容独一无二。
- 近义 绝无仅有
- 反义 比比皆是
- 示例 诸葛亮被人认为是一位空前绝后的智慧军师。

拈轻怕重 niān qīng pà zhòng
指接受任务时拣轻的担子挑，怕挑重担。
- 近义 避重就轻
- 反义 任劳任怨
- 示例 在工作中拈轻怕重的人是成不了大业的。

挑肥拣瘦 tiāo féi jiǎn shòu
比喻挑挑拣拣，刻意挑选对自己有利的。
- 近义 挑三拣四
- 反义 饥不择食
- 示例 大学毕业后，他总是挑肥拣瘦，结果到现在还没有找到合适的工作。

扬长避短 yáng cháng bì duǎn
发扬长处，避开短处。
- 近义 取长补短
- 反义 因陋就简
- 示例 在工作中，我们要从实际出发，扬长避短。

假公济私 jiǎ gōng jì sī
假：借；济：帮助。假借公家的名义，牟取私人的利益。
- 近义 损公肥私
- 反义 公而忘私
- 示例 领导干部一定要坚决杜绝假公济私的行为。

一决雌雄 yī jué cí xióng
雌雄：胜负、高下。比喻决一胜负，比个高下。

成语益智游戏大全

 一较高下　　 握手言欢

 今晚的排球比赛，中国队将和美国队一决雌雄。

四、玩游戏，学成语

1. 找出下面的反义成语并连线。

离心离德	自相矛盾
贪生怕死	波澜壮阔
走投无路	柳暗花明
自圆其说	同心同德
痛不欲生	视死如归
风平浪静	欢天喜地

2. 根据谜面补充成语。

苦	有所	劈竹子	各个
斌	双全	无底洞	不可
更	与方	洗照片	原毕
信箱	不置	下象棋	不入
会计	足多	逛超市	各取
墓碑	存亡	婴儿出生	呱呱

第十部分 近义成语与反义成语

紧跟前者	步　　后	明天的太阳	山　　起
细菌开会	无　　不	小葱拌豆腐	一　　二
小雨不停	水　　长	下水道的水	同　　合

3. 成语大变脸（将下列成语改动两个字，使其与后面的释义相符合）。

　　　　断章取义　　变脸为　　（　）（　）取义

释义：原指生命和道义不能兼得时，选择道义而舍弃生命。后指为正义而牺牲生命。

　　　　吞云吐雾　　变脸为　　（　）云（　）雾

释义：乘着云雾。指在空中飞行。也用来形容神志恍惚或头脑晕眩、迷糊。

　　　　偷天换日　　变脸为　　偷（　）换（　）

释义：比喻暗中耍手段改变事物内容，以假代真，以劣代优。

　　　　添枝加叶　　变脸为　　添（　）加（　）

释义：比喻为某项事业贡献出一份力量。

　　　　走马观花　　变脸为　　走马（　）（　）

释义：指委任的官员就职。也泛指就任某一职位。

五、知识链接

中国古代经典著作中的成语（七）

　　《三国演义》是中国古典四大名著之一，是中国第一部长篇章回体历史演义小说，作者是元末明初的著名小说家罗贯中。

成语益智游戏大全

　　《三国演义》描写了从东汉末年到西晋初年之间近百年的历史风云，以描写战争为主，讲述了东汉末年群雄割据混战以及魏、蜀、吴三国之间的政治和军事斗争，反映了三国时代的社会面貌以及历史巨变，塑造了一群叱咤风云的三国英雄人物。全书可大致分为黄巾起义、董卓之乱、群雄逐鹿、三国鼎立、三国归晋五大部分。

　　罗贯中将兵法三十六计融于字里行间，文采飞扬间，兵法韬略熠熠发光。《三国演义》亦是成语的重要来源之一。

张灯结彩、青山不老、招兵买马、身在曹营心在汉、赔了夫人又折兵、初出茅庐、胸怀大志、气宇轩昂、知遇之恩、诡计多端、养精蓄锐、笑容可掬、反戈一击、大吉大利、强词夺理、摇摇欲坠、无名小卒、势不可当、大雨滂沱、赤膊上阵、物伤其类、锦囊妙计、曲意逢迎、先礼后兵、漫山遍野、鹰视狼顾、心术不正、宽以待人、班师回朝、手无寸铁、缓兵之计、抵足而眠……

第十一部分

成语填空

成语益智游戏大全

一、补充填空

1. 请将表格中的数字成语横向补充完整

一			二			两		
	一			二			两	
		一			二			两
			一			二		两

示例：一拍即合　不一而足　可见一斑　百里挑一　二竖为灾　不二法门　三心二意　丁一卯二　两全其美　两两三三　判若两人　半斤八两

十				百	千			万
	十		百		千		万	
		十	百			千	万	
			十	百			千	万

示例：十指连心　七十二行　一曝十寒　以一当十　举一废百　身价百倍　八百孤寒　百折不挠　千古绝唱　大千世界　各有千秋　气象万千　成千上万　雷霆万钧　十万火急　万人空巷

2. 根据数字拼成语

一　一	一　一	一　一
一　一	一　一	一　一
一　一	一　一	一　一

第十一部分　成语填空

一　一	一　一	一　一
一　一	一　一	一　一
一　一	一　一	一　一

示例：一板一眼　一笔一画　一兵一卒　一步一趋　一草一木　一唱一和　一张一弛　一刀一枪　一点一滴　一分一毫　一举一动　一模一样　一年一度　一颦一笑　一瘸一拐　一字一句　一上一下　一生一世

千　万	千　万	千　万
千　万	千　万	千　万
千　万	千　万	千　万
千　万	千　万	千　万

示例：千变万化　千差万别　千愁万恨　千刀万剐　千叮万嘱　千恩万谢　千好万好　千呼万唤　千家万户　千军万马　千门万户　千思万虑

二　三	四　三	五　六
三　两	四　五	五　七
三　四	四　八	五　八
三　五	五　三	五　十
三　五	五　四	五　十

示例：二帝三王　三长两短　三从四德　三番五次　三令五申　四海三江　四分五裂　四平八稳　五大三粗　五湖四海　五颜六色　五脏七窍　五花八门　五风十雨　五光十色

3. 根据"人体"有关名称补充成语

头			趾			骨		
皮			指			血		
手			发			肉		
脚			肝			眼		
嘴			胆			腹		
耳			心			腰		
口			肺			背		
眉			唇			牙		
脑			舌			胸		

示例： 头重脚轻　皮肉之苦　手忙脚乱　脚不点地　嘴尖舌快　耳提面命　口不择言　眉目传情　脑满肠肥　趾高气扬　指腹为婚　发秃齿豁　肝脑涂地　胆大妄为　心灰意冷　肺腑之言　唇亡齿寒　舌敝唇焦　骨肉之情　血雨腥风　肉袒负荆　眼明手快　腹背受敌　腰缠万贯　背恩忘义　牙牙学语　胸有成竹

4. 请用水果名称补充成语

杏　桃　李　梨　橘　梅　枣　瓜　栗

不寒而□	□化为枳	□代□僵
□花春雨	世外□源	青□竹马
囫囵吞□	□花带雨	□田□下

示例： 不寒而栗　橘化为枳　李代桃僵　杏花春雨　世外桃源　青梅竹马　囫囵吞枣　梨花带雨　瓜田李下

第十一部分　成语填空

5. 根据动物名称，补充成语

			狼	猴					牛	虎	
		狼			猴			牛			虎
	狼					猴		牛				虎
狼						猴	牛					虎
犬					马	鸟					鱼
	犬			马			鸟			鱼	
		犬		马				鸟		鱼	
			犬	马					鸟	鱼	

示例： 引虎拒狼　鬼哭狼嚎　如狼似虎　狼狈为奸　犬马之劳　鸡犬不宁　声色犬马　丧家之犬　猴年马月　沐猴而冠　尖嘴猴腮　杀鸡骇猴　厉兵秣马　兵荒马乱　车马盈门　马放南山　气喘如牛　多如牛毛　汗牛充栋　牛刀小试　鸟语花香　百鸟朝凤　鱼溃鸟散　惊弓之鸟　虎口逃生　调虎离山　狐假虎威　生龙活虎　浑水摸鱼　白龙鱼服　沉鱼落雁　鱼贯而行

二、重点成语释义

bù yī ér zú
不一而足

足：充足。指所说的事物不止一个而是很多，无法列举齐全。

近义 不胜枚举　　**反义** 寥寥无几

示例 他喜欢字画，家里收藏了很多名家作品，古今中外的都有，不一而足。

pàn ruò liǎng rén
判若两人

区别明显得像两个人一样。形容某人前后变化很大。

近义 判若鸿沟　　**反义** 一如既往

示例 这个学期开学以来，他学习特别认真，和过去判断若两人。

身价百倍 shēn jià bǎi bèi
身价：指社会地位。指名誉地位一下子大大提高。

近义 身价不菲　　反义 身败名裂

示例 经过专业包装，她马上身价百倍。

千古绝唱 qiān gǔ jué chàng
指古往今来绝无仅有的绝妙佳作。

近义 旷古未闻　　反义 史不绝书

示例 王勃的《滕王阁序》被后世誉为描写滕王阁的千古绝唱。

一板一眼 yī bǎn yī yǎn
比喻言语、行动有条理或合规矩。有时也比喻做事死板，不懂得灵活掌握。

近义 有板有眼　　反义 颠三倒四

示例 她做事总是一板一眼，从不马虎。

一举一动 yī jǔ yī dòng
指每个动作或行为。

近义 一言一行

示例 孩子们的一举一动都在老师的关注之中。

千差万别 qiān chā wàn bié
形容差别很大或多种多样。

近义 天壤之别　　反义 一模一样

示例 每个孩子都是千差万别的，所以我们不能用一个标准方法来教育孩子。

千呼万唤 qiān hū wàn huàn
指一再呼唤、催促。

近义 呼天喊地　　反义 一呼即应

示例 她走得很坚决，任凭大家千呼万唤也不回头。

第十一部分 成语填空

三长两短 sān cháng liǎng duǎn
指意外的灾祸或事故。也指人的死亡。

近义 山高水低　　**反义** 安然无恙

示例 千万不要独自一人去野外游泳，万一有个三长两短就麻烦了。

三令五申 sān lìng wǔ shēn
三、五：表示次数多；令：命令；申：表达，说明。多次命令和告诫。

近义 千叮万嘱　　**反义** 敷衍了事

示例 这里的告示已经三令五申严禁停车，但还是有人视而不见。

四分五裂 sì fēn wǔ liè
形容不完整，不集中，不团结，不统一。

近义 七零八碎　　**反义** 团结一致

示例 军阀混战时期，国家四分五裂，民不聊生。

五光十色 wǔ guāng shí sè
形容色彩鲜艳，花样繁多。

近义 万紫千红　　**反义** 色彩单一

示例 沙滩上五光十色的贝壳让孩子们欢呼雀跃。

耳提面命 ěr tí miàn mìng
不仅是当面告诉他，而且是提着他的耳朵给他讲。形容长辈教导热心恳切。

近义 苦口婆心　　**反义** 旁敲侧击

示例 学习得靠自己努力，要不然就算老师天天耳提面命也难以进步。

趾高气扬 zhǐ gāo qì yáng
走路时脚抬得很高，神气十足。形容骄傲自满，得意忘形的样子。

| 近义 | 洋洋得意 | 反义 | 低声下气 |

示例　大家都很讨厌他趾高气扬的样子。

gān nǎo tú dì
肝脑涂地

涂地：涂抹在地上。形容惨死，也形容竭尽忠诚，任何牺牲都在所不惜。

| 近义 | 奋不顾身 | 反义 | 口蜜腹剑 |

示例　军人的职责是保家卫国，即使肝脑涂地，也在所不惜。

xuè yǔ xīng fēng
血雨腥风

风里夹着腥味，雨点带着鲜血。形容疯狂杀戮的凶险气氛或环境。

| 近义 | 腥风血雨 | 反义 | 天下太平 |

示例　经历过血雨腥风的人，都渴望过太平的日子。

qīng méi zhú mǎ
青梅竹马

青梅：青的梅子；竹马：儿童以竹竿当马骑。形容小儿女天真无邪玩耍游戏的样子。现指男女幼年时亲密无间。

| 近义 | 两小无猜 | 反义 | 视同陌路 |

示例　他俩从小一起长大，是青梅竹马的好朋友。

hú lún tūn zǎo
囫囵吞枣

把枣整个咽下去，不加咀嚼，不辨滋味。比喻对事物不加分析思考。

| 近义 | 不求甚解 | 反义 | 贯通融会 |

示例　他看书如此囫囵吞枣，肯定不会有收获。

lǐ dài táo jiāng
李代桃僵

李树代替桃树而死。指兄弟患难与共。借指替代人或代人受过。

| 近义 | 代人受过 | 反义 | 萁豆相煎 |

第十一部分　成语填空

示例　为了不让弟弟挨打，他李代桃僵，告诉妈妈是自己打碎了花瓶。

引虎拒狼 yǐn hǔ jù láng
利用老虎来抵御狼。比喻引进另一种恶势力来抗拒原来的恶势力。

近义　饮鸩止渴

示例　找他来帮你，这不等于是在引虎拒狼吗？

声色犬马 shēng sè quǎn mǎ
指纵情享乐的腐朽生活方式。

近义　花天酒地　　**反义**　安贫乐道

示例　旧时代一些王公贵族沉迷于声色犬马的生活。

猴年马月 hóu nián mǎ yuè
指不可知的未来。

近义　遥遥无期　　**反义**　指日可待

示例　他这样放纵自己，猴年马月才能还得清债务？

汗牛充栋 hàn niú chōng dòng
意为书多得堆满屋子，用车运书时牛累得出汗。形容藏书极多。

近义　浩如烟海　　**反义**　屈指可数

示例　国家图书馆的藏书用汗牛充栋来形容一点也不夸张。

惊弓之鸟 jīng gōng zhī niǎo
被弓箭吓怕了的鸟不容易安定。比喻受到过惊吓的人碰到一点动静就非常害怕。

近义　心有余悸　　**反义**　初生牛犊

示例　一些经历过地震的人，一有晃动就如惊弓之鸟般跑出屋子。

三、玩游戏学成语

1. 请为下面的成语进行正确的连线。

天下无难事 —— 只欠东风

兵来将挡 —— 万人之上

金无足赤 —— 人无完人

眼观六路 —— 耳听八方

万事俱备 —— 只怕有心人

一人之下 —— 水来土掩

2. "大"字成语集锦。

大□□大	大□□大	大□□大
大□□大	大□□大	大□□大
大□□大	大□□大	大□□大
大□□大	大□□大	大□□大
大□□大	大□□大	大□□大

□大精深　　不识大□　　发扬大□

□大妄为　　独揽大□　　狂妄大□

□大物博　　顾全大□　　神通大□

第十一部分 成语填空

大喜功	恍然大	声势大
大其词	庞然大	夜郎大
大招风	万事大	牛高大

3. 选字填空，组成成语。

树 花 根 木 叶 枝

公好龙	奇　异草	倒　摧
如　似玉	大兴土	添　加
盘　错节	节外生	枯　生
一　知秋	斩草除	深　茂
呆若　鸡	已成舟	枯　败

四、知识链接

中国古典著作中的成语
（八）

《西游记》为中国四大古典名著之一，是中国古代第一部浪漫主义章回体长篇神魔小说。该书以"唐僧取经"这一历史事件为蓝本，主要描写了唐僧师徒四人西行取经，一路降妖伏魔经历九九八十一难，最终取得真经的故事。

《西游记》通过大胆丰富的想象，引人入胜的故事情节，向我们展示了一个神奇瑰丽的神话世界，书中使用了很多成语，现摘录部分如下：

爱老怜贫、不当人子、不看僧面看佛面、不识抬举、沉思默想、粗中有细、寸步难行、大显神通、分班序齿、功到自然成、骨软筋麻、花团锦簇、火上弄冰、火眼金睛、机谋巧算、家长里短、紧箍咒、略知一二、茅塞顿开、冒名顶替、没大没小、懵懵懂懂、难解难分、扭扭捏捏、炮火连天、七高八低、热气腾腾、人不可貌相,海水不可斗量、三茶六饭、山高路险、十万八千里、世上无难事,只怕有心人、事不过三、提心吊胆、武不善作、虾兵蟹将、降邪从正、星落云散、杳无人烟、一般无二、一窝蜂、一物降一物、油嘴滑舌、整旧如新、众毛攒裘、抓耳挠腮、左邻右舍、作恶多端……

第十二部分

看图猜成语

一、根据下面的图片猜成语

心直口快

百步穿杨

百里挑一

半壁江山

比比皆是

兵临城下

并驾齐驱

才高八斗

吃里扒外

大步流星

东张西望

独当一面

第十二部分 看图猜成语

短兵相接

高高在上

横冲直撞

画地为牢

家徒四壁

渐入佳境

金蝉脱壳

口是心非

苦中作乐

劳燕分飞

乐在其中

了若指掌

197

忙里偷闲

茅塞顿开

每况愈下

门可罗雀

面目全非

束之高阁

囊中羞涩

逆来顺受

排山倒海

旁若无人

破门而入

旗鼓相当

第十二部分　看图猜成语

思前想后	请君入瓮	曲径通幽
人仰马翻	日上三竿	如虎添翼
如雷贯耳	三心二意	三阳开泰
三足鼎立	善男信女	似是而非

见 = 故	形	想/非
一见如故	形影不离	想入非非

得 举 得	夜 / 更更更	
一举两得	半夜三更	一刀两断

	叹 吁 	
一日三秋	长吁短叹	自投罗网

二、重点成语释义

jiàn rù jiā jìng
渐入佳境 渐：逐渐；佳境：美好的境界。指兴味渐浓或逐渐进入美好的境界。

近义 引人入胜　　反义 急转直下

第十二部分　看图猜成语

示例 经过一段时间的调整，他的学习状态渐入佳境。

大步流星 dà bù liú xīng
形容脚步迈得大，走路很快。
近义 健步如飞　　**反义** 步履蹒跚
示例 上课铃一响，老师大步流星地走上讲台。

似是而非 sì shì ér fēi
好像是对的，实际上不对。也指好像是，实际上不是
近义 模棱两可　　**反义** 天经地义
示例 他似是而非的态度让我们无从下手。

茅塞顿开 máo sè dùn kāi
原来心里好像有茅草堵塞着，现在忽然被打开了。形容思想忽然开窍，立刻明白了某个道理。
近义 恍然大悟　　**反义** 大惑不解
示例 听了老师的讲解，我心中的疑惑茅塞顿开。

家徒四壁 jiā tú sì bì
家里只有四周的墙壁。形容十分贫困，一无所有。
近义 一贫如洗　　**反义** 家财万贯
示例 他整天沉迷于赌博，弄得家徒四壁，妻离子散。

一见如故 yī jiàn rú gù
故：老朋友。初次见面就像老朋友一样合得来。
近义 一见倾心　　**反义** 形同陌路
示例 他俩一见如故，很快就成了好朋友。

百里挑一 bǎi lǐ tiāo yī
从一百个里挑出一个。形容人或事物非常优秀、突出，不可多得；也指严格挑选。
近义 出类拔萃　　**反义** 多如牛毛

示例　每年的飞行员选拔都是百里挑一。

duǎn bīng xiāng jiē
短兵相接

指近距离搏斗。比喻面对面地进行激烈的斗争。

近义　针锋相对　　反义　和风细雨

示例　这场谈判，双方一定会短兵相接，我们必须做好充分的准备。

dài zì guī zhōng
待字闺中

指女子尚未订婚或出嫁。

示例　这女子兰心蕙质，才貌双全，待字闺中。

xíng yǐng bù lí
形影不离

像形体和它的影子那样分不开。形容彼此关系亲密，经常在一起。

近义　寸步不离　　反义　形单影只

示例　她们从小就是形影不离的好朋友。

xiǎng rù fēi fēi
想入非非

后指意念进入玄妙虚幻的境界，也指脱离实际，幻想不能实现的事。

近义　非分之想　　反义　脚踏实地

示例　自从看了这部武侠剧，他总是想入非非，希望自己武功高强。

yī jǔ liǎng dé
一举两得

做一件事得到两方面的好处。

近义　一箭双雕　　反义　顾此失彼

示例　这次回老家既可以看看父母，又见到了多年未见的同学，真是一举两得。

rú hǔ tiān yì
如虎添翼

好像老虎长上了翅膀。比喻强有力的人得到帮助变得更加强有力。

第十二部分 看图猜成语

近义 锦上添花　　反义 雪上加霜

示例 有了他的加盟，整个团队如虎添翼。

luò jǐng xià shí
落井下石

看见人要掉进陷阱里，不伸手救他，反而推他下去，又扔下石头。比喻乘人有危难时加以陷害。

近义 乘人之危　　反义 成人之美

示例 当别人有困难时，就算无法帮忙，我们也不能落井下石。

rì shàng sān gān
日上三竿

太阳升起有三根竹竿那样高。指时间不早了；也形容人起床太晚。

近义 日高三丈　　反义 半夜三更

示例 放假后，她每天睡到日上三竿才起来。

jīn chán tuō qiào
金蝉脱壳

蝉变为成虫时要脱去一层壳。比喻用计脱身，使人不能及时发觉。

近义 瞒天过海　　反义 瓮中捉鳖

示例 志愿军用了金蝉脱壳之计，成功逃脱了敌人的追捕。

bǎi bù chuān yáng
百步穿杨

形容射箭或射击技术十分高明。

近义 百发百中　　反义 无的放矢

示例 连长百步穿杨的枪法让战士们敬佩不已。

chī lǐ pá wài
吃里扒外

接受这一方面的好处，却为那一方面卖力。也指将自己方面的情况告诉对方。

示例 小王将自己公司的保密信息告诉给了另外一个与之竞争的公司，真是吃里扒外。

旁若无人 (páng ruò wú rén)

身旁好像没有人。形容态度傲慢,不把别人放在眼里。

近义 目中无人　　**反义** 众目睽睽

示例 她旁若无人地大声嚷嚷,惹得周围的人全都盯着她。

自圆其说 (zì yuán qí shuō)

指说话的人能使自己的论点或谎话没有漏洞。

近义 滴水不漏　　**反义** 自相矛盾

示例 他谎话连篇,还不能自圆其说,让人一眼就看出了其中的破绽。

自投罗网 (zì tóu luó wǎng)

比喻自寻死路或自行进入对方设下的圈套。

近义 飞蛾扑火　　**反义** 死里逃生

示例 明知是自投罗网,他又一次去行窃,结果被警察逮个正着。

三、玩游戏学成语

1. 看图猜成语。

第十二部分 看图猜成语

2. 成语放大镜（将成语中错误的字挑出来，并更正）。

东山在起（　　）　积毁消骨（　　）　锣古喧天（　　）
座井观天（　　）　引沆高歌（　　）　韬光养海（　　）
江山如花（　　）　破啼为笑（　　）　飞砂走石（　　）
敲山镇虎（　　）　鸠占鹊巢（　　）　一气哈成（　　）
抱残首缺（　　）　谱天同庆（　　）　抽手旁观（　　）

3. 成语之最连连看。

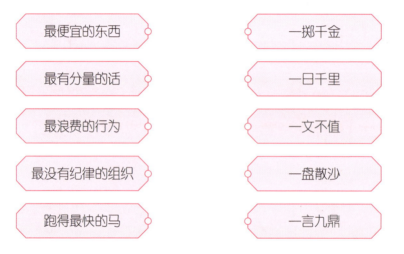

四、知识链接

叠字成语

成语中有大量的叠字现象，其形式主要有AABB、AABC、ABAC、ABCC、ABCB等几种。现和大家一起来分享一下：

AABB

朝朝暮暮、大大咧咧、沸沸扬扬、纷纷扬扬、风风火火、风风雨雨、鬼鬼祟祟、浩浩荡荡、轰轰烈烈、花花绿绿、昏昏沉沉、浑浑噩噩、

第十二部分 看图猜成语

叽叽喳喳、家家户户、口口声声、拉拉扯扯、跟跟跄跄、林林总总、明明白白、扭扭捏捏、婆婆妈妈、七七八八、攘攘熙熙……

AABC

比比皆是、彬彬有礼、步步为营、草草收兵、楚楚动人、蠢蠢欲动、绰绰有余、喋喋不休、鼎鼎大名、多多益善、咄咄逼人、泛泛而谈、泛泛之交、高高在上、格格不入、耿耿于怀、耿耿忠心、呱呱坠地、官官相护、赫赫有名、赫赫之功、花花公子、昏昏欲睡……

ABAC

碍手碍脚、百发百中、半明半暗、毕恭毕敬、不骄不躁、彻头彻尾、成双成对、大风大浪、独来独往、多姿多彩、各式各样、怪模怪样、忽冷忽热、虎头虎脑、活灵活现、假仁假义、戒骄戒躁、久而久之、美轮美奂、若隐若现、速战速决、徒子徒孙、问寒问暖……

ABCC

白发苍苍、不甚了了、此恨绵绵、大腹便便、大名鼎鼎、风尘仆仆、风度翩翩、福寿绵绵、负债累累、顾虑重重、含情脉脉、虎视眈眈、饥肠辘辘、来势汹汹、两手空空、磨刀霍霍、怒气冲冲、气喘吁吁、千里迢迢、情意绵绵、杀气腾腾、神采奕奕……

ABCB

长亭短亭、出尔反尔、大错特错、大书特书、当断不断、得过且过、好说歹说、嫁鸡随鸡、见怪不怪、将错就错、将计就计、将心比心、今夕何夕、就事论事、口服心服、骑马找马、千难万难、求仁得仁、人云亦云、似懂非懂、似笑非笑、讨价还价、天知地知……

第十三部分

成语对对子

第十三部分 成语对对子

一、成语凑对联

两个成语意思相对,结构上基本对仗工整,便于读者掌握和记忆。

百花齐放 ——	五谷丰登	分文不取 ——	分秒必争
兵荒马乱 ——	国泰民安	焚膏继晷 ——	废寝忘食
病从口入 ——	计上心来	封妻荫子 ——	光宗耀祖
不胫而走 ——	不翼而飞	腹背受敌 ——	左右为难
不拘一格 ——	别具匠心	隔岸观火 ——	临渊羡鱼
不期而遇 ——	不谋而合	功成名就 ——	任重道远
唱独角戏 ——	钻牛角尖	狗仗人势 ——	狐假虎威
沉鱼落雁 ——	闭月羞花	沽名钓誉 ——	歌功颂德
承前启后 ——	继往开来	孤芳自赏 ——	敝帚自珍
初出茅庐 ——	故弄玄虚	孤陋寡闻 ——	博古通今
穿针引线 ——	探囊取物	呱呱坠地 ——	牙牙学语
胆小怕事 ——	树大招风	管中窥豹 ——	雾里看花
当局者迷 ——	旁观者清	过河拆桥 ——	卸磨杀驴
刀山火海 ——	枪林弹雨	海枯石烂 ——	日久天长
滴水不漏 ——	寸步难行	含沙射影 ——	落井下石
颠倒是非 ——	混淆黑白	呼之欲出 ——	招之即来
铤而走险 ——	昭然若揭	化整为零 ——	集腋成裘
动如脱兔 ——	呆若木鸡	患难与共 ——	解囊相助
独辟蹊径 ——	大张旗鼓	急功近利 ——	登峰造极
短斤少两 ——	得寸进尺	江郎才尽 ——	黔驴技穷
飞蛾扑火 ——	螳臂当车	捷足先登 ——	妙手回春

斤斤计较	步步为营	绳锯木断	水滴石穿
金玉其外	败絮其中	石沉大海	日薄西山
津津乐道	夸夸其谈	势如破竹	味同嚼蜡
就事论事	靠山吃山	视死如归	杀身成仁
居心叵测	恶贯满盈	守株待兔	刻舟求剑
枯木逢春	铁树开花	水到渠成	瓜熟蒂落
夸父逐日	愚公移山	水中捞月	火中取栗
流芳百世	遗臭万年	顺水推舟	见风使舵
路不拾遗	夜不闭户	四体不勤	五谷不分
落花有意	流水无情	夙兴夜寐	早出晚归
盲人摸象	塞翁失马	贪生怕死	背信弃义
面面俱到	口口相传	天伦之乐	地主之谊
明枪暗箭	左道旁门	偷天换日	烘云托月
目不暇接	力不从心	望梅止渴	画饼充饥
泥沙俱下	鱼龙混杂	卧薪尝胆	破釜沉舟
抛砖引玉	煮鹤焚琴	心中有数	手下留情
匹夫之勇	赤子之心	虚怀若谷	铁面无私
妻离子散	家破人亡	血气方刚	锋芒毕露
期期艾艾	马马虎虎	眼疾手快	耳聪目明
棋逢对手	将遇良才	艳如桃李	冷若冰霜
弃暗投明	改邪归正	杳如黄鹤	噤若寒蝉
千疮百孔	天衣无缝	咬文嚼字	舞文弄墨
千秋大业	万世长策	引狼入室	调虎离山
巧言令色	奴颜媚骨	欲擒故纵	兼收并蓄
青黄不接	泾渭分明	众矢之的	强弩之末
杀鸡取卵	暴虎冯河		

第十三部分 成语对对子

二、重点成语释义

bù qī ér yù
不期而遇 期：约定时间。没有约定而遇见。指意外碰见。

近义 萍水相逢　　反义 如期而至
示例 毕业五年没见过的同学，没想到在路上不期而遇了。

bù móu ér hé
不谋而合 谋：商量；合：相符。事先没有商量过，意见或行动却完全一致。

近义 不约而同　　反义 众说纷纭
示例 对于这个问题的解决方案，我和他不谋而合。

chàng dú jiǎo xì
唱独角戏 独角戏：只有一个角色的戏。比喻一个人独自做一件事，没有别人协助。

示例 作为主讲嘉宾，今天的大会就是她一个人唱独角戏。

zuān niú jiǎo jiān
钻牛角尖 比喻死抠不值得研究或无法解决的问题。也比喻思想固执、认死理儿。

示例 凡事都要留有余地，不能死钻牛角尖。

zhāo rán ruò jiē
昭然若揭 形容真相全部暴露，一切都明明白白。

近义 显而易见　　反义 真伪莫辨
示例 经过一系列的事情，他的狼子野心早已昭然若揭。

chuān zhēn yǐn xiàn
穿针引线 比喻从中沟通、撮合，使之发生联系。

近义 牵线搭桥　　反义 挑拨离间

> 示例 我和他的相识就是因为她的穿针引线。

dú pì xī jìng
独辟蹊径
自己开辟一条路。比喻独创一种风格或新的方法。

> 近义 独具匠心   反义 生搬硬套
> 示例 我们要鼓励孩子独辟蹊径去解决问题。

gé àn guān huǒ
隔岸观火
隔着河观看对岸失火。比喻置身事外，对别人的灾难袖手旁观。

> 近义 袖手旁观   反义 扶危济困
> 示例 在别人需要帮助的时候，我们不能隔岸观火、无动于衷。

lín yuān xiàn yú
临渊羡鱼
渊：深潭；羡：希望得到。比喻只有愿望而没有实际行动。

> 近义 临渊之羡   反义 退而结网
> 示例 光有美好的愿望而不付诸行动，就只能临渊羡鱼了。

gū fāng zì shǎng
孤芳自赏
比喻自命清高，自我欣赏。

> 近义 自命清高   反义 自惭形秽
> 示例 她是一个孤芳自赏的人，有些瞧不起别人。

bì zhǒu zì zhēn
敝帚自珍
把自己家里的破扫帚当成宝贝。比喻东西虽然不好，自己却很珍惜。

> 近义 千金敝帚   反义 视如草芥
> 示例 这件东西已经很破旧了，但她仍然敝帚自珍。

huà zhěng wéi líng
化整为零
本指化整数为零数，为算数术语。后多指把一个整体分成许多零散部分。

第十三部分　成语对对子

近义 一分为二　　**反义** 化零为整
示例 部队化整为零，五人一组，分散前进。

jí yè chéng qiú
集腋成裘　把很多块狐狸腋下的皮毛聚集起来制成珍贵的皮衣。比喻积少成多。

近义 聚沙成塔　　**反义** 坐吃山空
示例 一方有难，八方支援，只要人人都捐助一点，就可以集腋成裘，帮助灾区人民渡过难关。

lù bù shí yí
路不拾遗　遗：失物。路上没有人把别人丢失的东西捡走。形容社会风气好。

近义 道不拾遗　　**反义** 浑水摸鱼
示例 这里民风淳朴，路不拾遗。

yè bù bì hù
夜不闭户　户：门。夜里睡觉不用闩上门。形容社会治安情况良好。

近义 路不拾遗　　**反义** 豺狼当道
示例 现在的社会治安情况虽然不错，但还是不能真正做到夜不闭户。

qiān chuāng bǎi kǒng
千疮百孔　形容漏洞、弊病很多，或破坏的程度严重。

近义 满目疮痍　　**反义** 天衣无缝
示例 洪水过后，这个村庄千疮百孔，破败不堪。

tiān yī wú fèng
天衣无缝　神话传说，仙女的衣服没有衣缝。比喻事物周密完善，找不出什么毛病。

近义 滴水不漏　　**反义** 破绽百出

213

成语益智游戏大全

示例 他的解释表面上看起来天衣无缝，但经仔细推敲后，发现还是有一些破绽的。

shā jī qǔ luǎn
杀鸡取卵

为了得到鸡蛋，不惜把鸡杀了。比喻贪图眼前的好处而不顾长远利益。

近义 饮鸩止渴　　**反义** 高瞻远瞩
示例 他们为了赚钱，过度开采，真是杀鸡取卵啊！

bào hǔ píng hé
暴虎冯河

暴虎：空手搏虎；冯河：涉水过河。比喻有勇无谋，鲁莽冒险。

近义 有勇无谋　　**反义** 深谋远虑
示例 明知敌众我寡还要硬拼，这简直是暴虎冯河。

shì rú pò zhú
势如破竹

形势就像劈竹子，前几节破开以后，下面各节顺着刀势就分开了。比喻节节胜利，毫无阻碍。

近义 势不可当　　**反义** 一败涂地
示例 三大战役胜利后，人民解放军势如破竹，很快就解放了全中国。

wèi tóng jiáo là
味同嚼蜡

像吃蜡烛一样，没有一点儿味道。形容语言或文章枯燥无味。

近义 索然无味　　**反义** 津津有味
示例 这本书废话连篇，读起来味同嚼蜡。

shùn shuǐ tuī zhōu
顺水推舟

顺着水流的方向推船。比喻顺着某个趋势或某种方便说话办事。

近义 因势利导　　**反义** 节外生枝

第十三部分　成语对对子

示例　她既然将这个项目运作起来了，那我们就顺水推舟帮她一把。

jiàn fēng shǐ duò
见风使舵

察看风向以转动舵柄。比喻看势头或看别人的眼色行事。

近义　借坡下驴　　**反义**　不识时务

示例　官场上的很多人都善于见风使舵。

tōu tiān huàn rì
偷天换日

比喻暗中改变事物的真相，以达到蒙混欺骗的目的。

近义　移花接木　　**反义**　正大光明

示例　他用这种偷天换日的伎俩来蒙蔽群众，最终受到了法律的制裁。

hōng yún tuō yuè
烘云托月

烘：渲染；托：衬托。原指用水墨渲染云彩以衬托月亮。比喻文艺创作中从侧面加以点染以烘托所描绘事物的手法。

近义　渲染烘托　　**反义**　开门见山

示例　他采用烘云托月的手法，让整幅画显得精彩绝伦。

wǔ wén nòng mò
舞文弄墨

原指歪曲法律条文，后常指故意玩弄文字技巧。

近义　舞词弄札

示例　他在朋友面前总是舞文弄墨，让人心生厌恶。

yǎo wén jiáo zì
咬文嚼字

对语言文字刻意推敲，字斟句酌。多用来指只注意文字的表述，死抠字眼。

近义　字斟句酌　　**反义**　一挥而就

示例　在写作的过程中，我们不能为了咬文嚼字而忽略文章的主旨。

zhòng shǐ zhī dì
众矢之的

矢：箭；的：箭靶的中心。众箭所射的靶子。比喻大家攻击的对象。

近义 千夫所指　　**反义** 有口皆碑

示例 他的这番不负责任的言论，让自己成了众矢之的。

qiáng nǔ zhī mò
强弩之末

强弩所发的矢，飞行已达末程。比喻强大的力量已经衰弱，起不了什么作用。

近义 师老兵疲　　**反义** 势不可当

示例 敌人大势已去，到了强弩之末的境地了。

三、玩游戏学成语

1. 将"人"字成语补充完整。

人　马翻	人　后尘	不省人	暗箭　人
人　势众	人　之危	惨绝人	才学　人
人　地灵	人　说梦	风云人	成败　人
人　关天	人　肺腑	笼络人	春色　人
人　俱亡	人　不倦	事在人	取信　人
人　鼎沸	人　篱下	天怒人	先发　人
人　向背	人　心弦	家破人	借刀　人
人　草木	人　寻味	政通人	舍己　人

216

第十三部分　成语对对子

2.根据描述猜成语（可以尝试表演一下）。

座无虚席　抓耳挠腮　向隅而泣
七步成诗　垂头丧气　载歌载舞

某人苦着脸，低着头，每隔一会儿就叹一口气。　（　　）
弟弟慢慢地走七步，然后念出了一首诗。　（　　）
她一个人对着墙角默默地流泪。　（　　）
他初次上台，有点儿紧张，用手抓了抓耳朵，又挠了挠腮。　（　　）
一群退休老人在公园里边唱歌边起舞。　（　　）
教室里的座位上坐满了人，没有留一个空位。　（　　）

3.成语连连看（把左右两边的成语连线组成对子）。

呼风唤雨	名落孙山
心如刀割	惊天动地
顺流而下	迎刃而解
朝思暮想	虎踞龙盘
日暮途穷	夜长梦多
神出鬼没	早出晚归
力争上游	泪如雨下

四、知识链接

对 联

对联是中国传统文化的瑰宝，又称楹联或对子，是写在纸上、布上或刻在竹子、木头、柱子上的对偶语句。对联对仗工整，平仄协调，是中华语言独特的艺术形式。

对联文字长短不一，短的仅一两个字；长的可达几百字。形式多样，有正对、反对、流水对、联球对、集句对等。对联的特点如下：

（1）字数相等，断句一致。

（2）平仄相合，音调和谐。一般来说，上联末句尾字用仄声，下联末句尾字用平声。

（3）词性相对，位置相同。一般来说，名词对名词，动词对动词，形容词对形容词，数量词对数量词，副词对副词，而且相对的词必须在相同的位置。

（4）内容相关，上下衔接。

第十四部分

缤纷成语家族

一、成语归类

1. 描述春天的成语

春意盎然　春暖花开　春风得意　春色满园　春寒料峭　含苞待放　万紫千红
花团锦簇　姹紫嫣红　红杏出墙　鸟语花香　繁花似锦　寸草春晖　春风化雨
春光明媚　百花争妍　万物复苏　春满人间　雨后春笋　桃红柳绿　莺啼燕语
春回大地　春草萋萋　春风桃李　春风杨柳　春和景明　春日迟迟　春色撩人
春深似海　春意阑珊　春雨贵如油

2. 描述夏天的成语

绿树成荫　骄阳似火　蝉噪蛙鸣　汗流浃背　汗如雨下　汗流如雨　汗水淋漓
禾黍离离　吴牛喘月　流金铄石　狂风暴雨　夏雨雨人

3. 描述秋天的成语

秋风过耳　秋风落叶　秋高气爽　秋行夏令　一叶知秋　硕果累累　五谷丰登
金风送爽　寒蝉仗马　金风玉露　西风落叶　西风残照　一日三秋　盈盈秋水
寒花晚节

4. 描述冬天的成语

冬日之阳　大雪纷飞　数九寒天　风光月霁　风雪交加　风刀霜剑　冰天雪地
冰天雪窖　冰消冻释　寒冬腊月　寒气逼人　白雪皑皑　玉树琼枝　天寒地冻
凌霜傲雪　瑞雪兆丰年　鹅毛大雪　雨雪霏霏

第十四部分　缤纷成语家族

5. 描述女子的成语

国色天香	窈窕淑女	风华绝代	风姿绰约	出水芙蓉	小家碧玉	小鸟依人
冰清玉洁	红粉佳人	冰雪聪明	倾国倾城	秀外慧中	秀色可餐	千娇百媚
梨花带雨	婀娜多姿	楚楚动人	天生丽质	肤如凝脂	蕙质兰心	朱唇皓齿
花容月貌	沉鱼落雁	闭月羞花				

6. 描述男子的成语

眉清目秀	衣冠楚楚	七尺之躯	风度翩翩	风流倜傥	风流才子	美如冠玉
温文尔雅	一表人才	顶天立地	气宇轩昂	气宇不凡	文质彬彬	明眸皓齿
面如冠玉	玉树临风	正人君子	铁骨铮铮	英气逼人	才貌双全	翩翩少年
仪表堂堂	威风凛凛	相貌堂堂	彪形大汉			

7. 描写人物品质的成语

相濡以沫	随遇而安	随心所欲	勇往直前	满腹经纶	行尸走肉	一诺千金
大智若愚	肝胆相照	铁石心肠	赤子之心	口是心非	虚怀若谷	自怨自艾
桀骜不驯	运筹帷幄	患得患失	不耻下问	颐指气使	玩世不恭	丧心病狂
横行霸道	夜郎自大	自欺欺人	精打细算	众志成城	贪生怕死	八面玲珑
见异思迁	逆来顺受	与人为善	大义凛然	盛气凌人	高风亮节	

8. 描写人物神态的成语

眉飞色舞	呆若木鸡	瞠目结舌	张皇失措	气喘吁吁	喜笑颜开	金刚怒目
怒发冲冠	咄咄逼人	喜上眉梢	老气横秋	不苟言笑	精神矍铄	恼羞成怒
神采奕奕	屏声息气	炯炯有神	含情脉脉	和蔼可亲	龇牙咧嘴	目瞪口呆
六神无主	和颜悦色	仙风道骨	神清气爽	朝气蓬勃	容光焕发	眉来眼去
愁眉不展	嬉皮笑脸	怒形于色	挤眉弄眼	目不转睛	愁眉苦脸	

9. 描写人物动作的成语

神出鬼没　跋山涉水　奔走相告　手舞足蹈　抓耳挠腮　蹑手蹑脚　瞻前顾后
风驰电掣　披星戴月　昂首挺胸　动如脱兔　欢呼雀跃　大步流星　张牙舞爪
耀武扬威　兴风作浪　谈笑风生　东张西望　雷厉风行　前赴后继　横冲直撞
交头接耳　指手画脚　喋喋不休　手足无措　拳打脚踢　暴跳如雷　踉踉跄跄
顿足捶胸　咬牙切齿　号啕大哭

10. 描写心情的成语

欢呼雀跃　心花怒放　无精打采　乐极生悲　欢天喜地　欣喜若狂　眉开眼笑
神清气爽　眉飞色舞　春风得意　心旷神怡　心平气和　悲喜交加　悲痛欲绝
肝肠寸断　痛心疾首　痛哭流涕　赏心悦目　神采焕发　愤愤不平　勃然大怒
暴跳如雷　大发雷霆　恼羞成怒　怒发冲冠　气急败坏　泣不成声　声泪俱下
平心静气　坐立不安　闷闷不乐　百感交集　喜上眉梢　万念俱灰　郁郁寡欢
强颜欢笑

11. 含有动物的成语

惊弓之鸟　指鹿为马　笨鸟先飞　鹤立鸡群　鱼跃鸢飞　狼狈为奸　如鱼得水
如狼似虎　如虎添翼　闲云野鹤　莺歌燕舞　狼心狗肺　蜂拥而至　招蜂引蝶
鬼哭狼嚎　小肚鸡肠　羊肠小道　羽毛未丰　鹦鹉学舌　猫哭老鼠　狗拿耗子
狗急跳墙　兔死狐悲　飞禽走兽　风声鹤唳　龟年鹤寿　抱头鼠窜　雕虫小技
鸡鸣狗盗　百鸟朝凤　缘木求鱼　浑水摸鱼　鱼目混珠　鹿死谁手　鸟尽弓藏
鱼死网破　杳如黄鹤

第十四部分 缤纷成语家族

12. 描写天气的成语

风和日丽	风和日暖	风雨交加	晴空万里	晴天霹雳	狂风暴雨	倾盆大雨
大雨滂沱	大雪纷飞	大雨如注	雨恨云愁	雨散云收	雨过天晴	雨丝风片
月黑风高	雷电交加	天寒地冻	牛毛细雨	瓢泼大雨	细雨如丝	万里无云

二、重点成语释义

春寒料峭 chūn hán liào qiào

料峭：微寒。形容初春的寒冷。

近义 料峭轻寒　　**反义** 春风和煦

示例 在这春寒料峭的日子里，农民准备春耕了。

鸟语花香 niǎo yǔ huā xiāng

鸟鸣叫，花飘香。形容春天的美好景象。

近义 莺歌燕舞　　**反义** 穷乡僻壤

示例 春天来了，公园里鸟语花香，一派生机盎然的景象。

寸草春晖 cùn cǎo chūn huī

小草微薄的心意报答不了春日阳光的恩情。比喻子女难报父母的恩情。

近义 反哺之私　　**反义** 六亲不认

示例 相比父母对子女的付出，子女又怎能报答得了他们的寸草春晖呢？

吴牛喘月 wú niú chuǎn yuè

吴地水牛见月疑是日，因惧怕酷热而不断喘气。比喻遇见类似事物而胆怯；也形容天气酷热或气喘得厉害。

> 近义　蜀犬吠日　　　反义　金风送爽
> 示例　今年夏天真热，骄阳似火，才走几步就有吴牛喘月之感。

shuò guǒ léi léi
硕果累累
指秋天丰收时树上的果实茂盛的样子。也比喻取得的成果很多。

> 近义　成绩斐然　　　反义　一无所获
> 示例　这些年她潜心科研，在自己的专业领域硕果累累。

wǔ gǔ fēng dēng
五谷丰登
登：成熟。指年成好，粮食丰收。

> 近义　六畜兴旺　　　反义　颗粒无收
> 示例　农民最大的期盼就是五谷丰登。

qiū gāo qì shuǎng
秋高气爽
形容秋季晴空万里，天气清爽。

> 近义　天高气爽　　　反义　秋雨绵绵
> 示例　十月的北京秋高气爽。

fēng guāng yuè jì
风光月霁
风光：风吹云散而放晴；霁：雨雪停止。形容雨雪停止、风清月明的景象。亦比喻胸襟开阔、心地坦白。

> 示例　今夜风光月霁，让人感觉岁月静好。

chū shuǐ fú róng
出水芙蓉
芙蓉：指荷花，刚开放的荷花。比喻诗文清新不俗；也形容天然艳丽的女子。

> 近义　花容月貌　　　反义　相貌平平
> 示例　她的散文有如出水芙蓉，读起来让人心旷神怡。

ē nuó duō zī
婀娜多姿
一般用来形容女子姿态柔和而美好。

第十四部分 缤纷成语家族

近义 仪态万方　　**反义** 丑态百出
示例 演员们婀娜多姿的舞蹈一下子吸引了大家的目光。

秀外慧中 xiù wài huì zhōng
秀：秀丽；慧：聪明。外表秀丽，内心聪慧。

近义 兰质蕙心　　**反义** 贼眉鼠眼
示例 大伙都夸他娶了一个秀外慧中的好姑娘。

温文尔雅 wēn wén ěr yǎ
形容人态度温和，举止斯文。

近义 文质彬彬　　**反义** 凶神恶煞
示例 他是一个温文尔雅的书生，很有修养。

风流倜傥 fēng liú tì tǎng
形容人有才华而言行不受世俗礼节的拘束。

近义 风度翩翩　　**反义** 呆若木鸡
示例 少帅张学良风流倜傥，英俊潇洒。

玉树临风 yù shù lín fēng
形容男士风度潇洒，秀美多姿。

近义 气宇轩昂　　**反义** 尖嘴猴腮
示例 这套新西服穿在他的身上，更让他显得玉树临风。

相濡以沫 xiāng rú yǐ mò
泉水干了，鱼吐唾沫互相润湿。比喻同在困难的处境里，用微薄的力量互相帮助。

近义 同甘共苦　　**反义** 落井下石
示例 这对老夫妻几十年来相濡以沫，感情一直很好。

满腹经纶 mǎn fù jīng lún
经纶：整理过的蚕丝，比喻才能和学识。形容人极有才干和智谋。

| 近义 | 才高八斗 | 反义 | 孤陋寡闻 |

示例　李教授满腹经纶，大家都爱听他的课。

zì yuàn zì yì
自怨自艾

原指悔恨并改正自己的错误。现在指悔恨自己的错误。

| 近义 | 怨天尤人 | 反义 | 自鸣得意 |

示例　自怨自艾解决不了任何问题，还是从头开始吧。

shén cǎi yì yì
神采奕奕

奕奕：精神焕发的样子。形容精神饱满，容光焕发。

| 近义 | 容光焕发 | 反义 | 萎靡不振 |

示例　虽然她满头银发，但每次出现在大家面前都是神采奕奕的。

fēng chí diàn chè
风驰电掣

像风那样奔跑，像电那样闪过，形容速度非常快。

| 近义 | 追风逐电 | 反义 | 蜗行牛步 |

示例　风驰电掣般的高铁让我深深地感受到了科技缩短了时空的距离。

yào wǔ yáng wēi
耀武扬威

耀：显扬。炫耀武力，显示威风。

| 近义 | 飞扬跋扈 | 反义 | 丢盔弃甲 |

示例　帝国主义列强在中国人面前耀武扬威的时代已经成为历史了。

gān cháng cùn duàn
肝肠寸断

肝肠一寸寸断开。比喻伤心到极点。

| 近义 | 心如刀割 | 反义 | 欣喜若狂 |

示例　听到父亲病重的消息，他肝肠寸断，恨不得马上飞到父亲身边。

第十四部分 缤纷成语家族

qiǎng yán huān xiào
强颜欢笑
心里不畅快，但脸上勉强装出欢笑的样子。

近义 苦中作乐　　**反义** 忍俊不禁

示例 虽然受了委屈，但她还是强颜欢笑出现在公众面前。

wàn niàn jù huī
万念俱灰
所有的想法和打算都破灭了。形容极端失望的心情。

近义 心灰意冷　　**反义** 意气风发

示例 在遭受众叛亲离、妻离子散的沉重打击后，他已经万念俱灰了。

diāo chóng xiǎo jì
雕虫小技
雕琢虫书为汉代学童必学的技能。比喻微不足道的技能。多指写作诗文、雕琢辞章的技能。

近义 雕虫末技　　**反义** 雄才大略

示例 对他这样的大家来说，展现给大家看的这点本事只是雕虫小技罢了。

yáng cháng xiǎo dào
羊肠小道
曲折而极窄的路（多指山路）。

近义 羊肠小径　　**反义** 康庄大道

示例 景区升级改造后，当年的羊肠小道变成了宽阔的水泥路。

yú mù hùn zhū
鱼目混珠
拿鱼眼睛冒充珍珠。比喻用假的冒充真的。

近义 以假乱真　　**反义** 是非分明

示例 不法商贩经常鱼目混珠，坑害顾客，牟取私利。

yú yuè yuān fēi
鱼跃鸢飞
鸢：老鹰。指万物任性而动，自然协调，各得其所。

近义 鸢飞鱼跃　　**反义** 鸡飞狗跳

成语益智游戏大全

> 示例　社会安定祥和，人们就能鱼跃鸢飞。

指鹿为马 zhǐ lù wéi mǎ

指着鹿，说是马。比喻故意颠倒黑白，混淆是非。

> 近义　颠倒是非　　反义　是非分明
> 示例　他指鹿为马，颠倒黑白，大家都不喜欢他。

闲云野鹤 xián yún yě hè

飘浮的云，野游的鹤。比喻无拘无束、自由自在的人。

> 近义　悠然自得　　反义　日理万机
> 示例　他们一家人在乡下过着闲云野鹤般的生活。

风和日暖 fēng hé rì nuǎn

微风和煦，阳光温暖。形容天气晴朗暖和。

> 近义　风和日丽　　反义　狂风骤雨
> 示例　孩子们很喜欢在风和日暖的天气里进行户外活动。

鹤立鸡群 hè lì jī qún

像鹤站在鸡群中一样。比喻一个人的仪表或才能在周围一群人里显得很突出。

> 近义　一枝独秀　　反义　相形见绌
> 示例　她比同学高出了一头，站在他们中间有鹤立鸡群之感。

披星戴月 pī xīng dài yuè

身披星星，头戴月亮。形容连夜奔波或早出晚归，十分辛苦。

> 近义　风餐露宿　　反义　游手好闲
> 示例　农忙时节，村里的人们每天都披星戴月地忙着收种。

张牙舞爪 zhāng yá wǔ zhǎo

形容猛兽凶恶可怕。也比喻猖狂凶恶。

> 近义　龇牙咧嘴　　反义　和颜悦色
> 示例　她那张牙舞爪的样子很像一个泼皮。

第十四部分 缤纷成语家族

三、玩游戏学成语

1. 给成语中加点的字标注正确的读音。

安土重（　　）迁　　否（　　）极泰来　　荷（　　）枪实弹

不省（　　）人事　　如法炮（　　）制　　虚与委蛇（　　）

大腹便便（　　）　　强（　　）人所难　　飞来横（　　）祸

丢三落（　　）四　　挑拨离间（　　）　　宁缺毋（　　）滥

阿（　　）谀奉承　　相（　　）夫教子　　一哄（　　）而散

2. 分类组成语。

飞禽类

　发　童　颜　　　　过　留　声　　　　百　　朝　　　　行　　步

　鸿　　之　志　　　飞　狗　跳　　　　　歌　　舞

走兽类

　死　谁　手　　　引　　入　室　　　　背　　腰　　　　死　留　皮

　视　眈眈　　　　党　　为　虐　　　　假　　威

水族类

　蚕　食　吞　　　浑　水　摸　　　　瓮　中　捉　　　　兵　　将

　老　态　钟　　　　相争，渔翁得利

昆虫类

○丝马迹　嘁若寒○　物腐○生　飞○扑火

○宫折桂　○臂当车　招○引○

3. 成语归类（把下列成语按要求归类）。

不偏不倚　坚如磐石　不愧不作　打抱不平　大义灭亲　解囊相助
明镜高悬　救困扶危　替天行道　铁面无私　旁敲侧击　同心同德
运筹帷幄　出将入相　才气过人　将计就计　出类拔萃　铜墙铁壁
众志成城　穷寇勿追　卓尔不群　抑强扶弱　文韬武略　治病救人

表示公正的成语：＿＿＿＿＿＿＿＿＿＿＿＿＿＿＿＿＿＿＿＿

表示团结的成语：＿＿＿＿＿＿＿＿＿＿＿＿＿＿＿＿＿＿＿＿

表示帮助的成语：＿＿＿＿＿＿＿＿＿＿＿＿＿＿＿＿＿＿＿＿

表示博学的成语：＿＿＿＿＿＿＿＿＿＿＿＿＿＿＿＿＿＿＿＿

表示智谋的成语：＿＿＿＿＿＿＿＿＿＿＿＿＿＿＿＿＿＿＿＿

四、知识链接

成语的来源

成语作为承载中华文明的语言文化精华，其历史悠久，来源广泛。成语的主要来源如下：

1. 古代神话

我国古代流传或经史典籍中记载了很多神话传说，诸如女娲、夸父、嫦娥等神话人物形象栩栩如生，其美德和事迹在民间被广为传颂，他们的

第十四部分 缤纷成语家族

故事含义深刻，富有教育意义，往往被概括成为成语。例如：开天辟地、八仙过海、牛郎织女、夸父逐日、女娲补天、精卫填海、月里嫦娥、擎天之柱等。

2. 寓言故事

寓言故事是文学体裁的一种，多用借喻的表达手法，结构简单，富有教育意义或饱含着深刻的道理，最后演变为成语。例如：自相矛盾、郑人买履、买椟还珠、画蛇添足、邯郸学步、掩耳盗铃等。

3. 著名的历史事件

代有许多著名的历史事件，涉及的人物和故事流传千古，后人把它们浓缩为成语。例如：暗度陈仓、围魏救赵、毛遂自荐、完璧归赵、投笔从戎、闻鸡起舞、焚书坑儒等。

4. 前人故事

有些成语来自于前人的故事，经人们口口相传也成为成语的来源。例如：胸有成竹、满城风雨、尾大不掉、抱薪救火等。

5. 名人名言或经典著作（诗词）

有一些成语直接出自古人名言或著作，有一些则是截取或改自这些著作。例如：雨雪霏霏、醉翁之意不在酒、语不惊人死不休、不鸣则已，一鸣惊人、舍生取义、柳暗花明、门前冷落车马稀等。

6. 群众口语、谚语、俗语

有些成语现在已经找不到真正原始出处，它们绝大部分是人民群众在生产生活中创造的，或者是经常使用的谚语或俗语。例如：一溜烟、万事开头难、另起炉灶等。

7. 外来语

外来语也是成语的来源之一。例如：六尘不染、不二法门、清规戒律、放下屠刀，立地成佛等成语来自于佛经；旧瓶装新酒、火中取栗等来自西方的典故、格言以及外国著作。

8. 新生成语

随着社会、生活、文化的发展，现代生活中有更多的成语也被补充进来。例如：分秒必争、力争上游、上山下乡等。

伴随着语言的不断发展，将来一定会有更多的成语被创造出来。

第十五部分

成语大长龙

成语益智游戏大全

一、成语大长龙

以"一来二去"为开头进行成语接龙，要求首尾连接处的两个字完全相同，请继续补充下去。

一来二去→去天尺五→五花八门→门当户对→对答如流→
流言蜚语→语重心长→长生不老→老泪纵横→横七竖八→
八面来风→风花雪月→月下老人→人中之龙→龙腾虎跃→
跃然纸上→上善若水→水涨船高→高视阔步→步履如飞→
飞来横祸→祸不单行→行将就木→木本水源→源源不断→
断章取义→义薄云天→天高地厚→厚德载物→物是人非→
非亲非故→故弄玄虚→虚情假意→意料之中→中饱私囊→
囊萤映雪→雪月风花→花天酒地→地动天惊→惊慌失措→
措手不及→及时行乐→乐极生悲→悲不自胜→胜友如云→
云合景从→从容自若→若无其事→事不宜迟→迟暮之年→
年轻气盛→盛气凌人→人老珠黄→黄道吉日→日理万机→
机不可失→失而复得→得过且过→过目不忘→忘年之交→
交头接耳→耳目一新→新陈代谢→谢庭兰玉→玉汝于成→
成千上万→万紫千红→红颜薄命→命世之才→才貌双全→
全知全能→能说会道→道同志合→合情合理→理屈词穷→
穷山恶水→水落石出→出口成章→章台杨柳→柳暗花明→
明目张胆→胆小如鼠→鼠目寸光→光彩夺目→目无全牛→
牛鬼蛇神→神采飞扬→扬长避短→短兵相接→接二连三→
三足鼎立→立竿见影→影影绰绰→绰绰有余→余风遗爱→
爱不释手→手到擒来→来之不易→易守难攻→攻无不克→
克己奉公→公诸同好→好逸恶劳→劳燕分飞→飞沙走石→
石沉大海→海阔天空→空前绝后→后来居上→上下一心→

第十五部分　成语大长龙

心猿意马→马革裹尸→尸位素餐→餐风沐雨→雨过天青→
青红皂白→白面书生→生机勃勃→勃然大怒→怒目而视→
视而不见→见缝插针→针锋相对→对簿公堂→堂堂正正→
正经八百→百中无一→一见钟情→情天孽海→海不扬波→
波澜壮阔→阔步高谈→谈笑风生→生生世世→世代书香→
香气扑鼻→鼻息如雷→雷厉风行→行呼坐叹→叹为观止→
止戈为武→武不善作→作壁上观→观者如云→云中仙鹤→
鹤立鸡群→群龙无首→首屈一指→指鹿为马→马首是瞻→
瞻云望日→日新月异→异口同声→声东击西→西风落叶→
叶落归根→根生土长→长幼尊卑→卑鄙无耻→耻言人过→
过从甚密→密密麻麻→麻木不仁→仁人志士→士饱马腾→
腾云驾雾→雾里看花→花容月貌→貌合神离→离乡背井→
井井有条→条析缕数→数不胜数→数一数二→二话不说→
说古道今→今非昔比→比翼双飞→飞禽走兽→兽心人面→
面不改色→色如死灰→灰心丧气→气吞山河→河目海口→
口说无凭→凭空捏造→造化弄人→人定胜天→天诛地灭→
灭顶之灾→灾难深重→重中之重→重义轻利→利令智昏→
昏天黑地→地动山摇→摇旗擂鼓→鼓唇摇舌→舌剑唇枪→
枪林弹雨→雨丝风片→片长薄技→技压群芳→芳兰竟体→
体贴入微→微波不兴→兴风作浪→浪迹天下→下笔千言→
言过其实→实事求是→是非不分→分秒必争→争先恐后→
后悔莫及→及瓜而代→代笔捉刀→刀山火海→海底捞月→
月圆花好→好说歹说→说三道四→四面八方→方寸之地→
地大物博→博览群书→书生之见→见钱眼开→开门见山→
山穷水尽→尽心尽力→力不从心→心惊胆战→战战兢兢→
兢兢业业→业精于勤→勤学好问→问羊知马→马牛其风→

235

风吹草动 → 动荡不安 → 安分知足 → 足尺加二 → 二八佳人 →
人琴俱亡 → 亡羊补牢 → 牢不可破 → 破涕为笑 → 笑逐颜开 →
开疆拓土 → 土崩瓦解 → 解甲归田 → 田夫野老 → 老当益壮 →
壮志凌云 → 云程万里 → 里应外合 → 合契同情 → 情深意远 →
远道而来 → 来日无多 → 多姿多彩 → 彩凤随鸦 → 鸦雀无声 →
声势浩大 → 大呼小叫 → 叫苦连天 → 天生丽质 → 质直浑厚 →
厚此薄彼 → 彼竭我盈 → 盈千满万 → 万古长青 → 青山绿水 →
水深火热 → 热土难离 → 离群索居 → 居高临下 → 下车伊始 →
始乱终弃 → 弃暗投明 → 明升暗降 → 降志辱身 → 身名俱泰 →
泰山鸿毛 → 毛手毛脚 → 脚下生风 → 风调雨顺 → 顺风吹火 →
火树银花 → 花残月缺 → 缺一不可 → 可歌可泣 → 泣不成声 →
声振林木 → 木秀风摧 → 摧枯拉朽 → 朽木之才 → 才小任大 →
大彻大悟 → 悟道参玄 → 玄思冥想

二、知识链接

成语的字数

常见的成语以四字为主，除四字之外，其实还有三字、五字、六字等多种字数情况的成语。

三字成语

安乐窝　不倒翁　背黑锅　绊脚石　闭门羹　走过场　走马灯
东道主　个中人　一言堂　眼中钉　忘年交　乱弹琴　敲门砖
试金石　莫须有　一溜烟　一刀切

第十五部分 成语大长龙

五字成语

八九不离十　八字没一撇　不打不相识　不期然而然　白屋出公卿
百步无轻担　报喜不报忧　杯酒释兵权　兵败如山倒　打蛇打七寸
大意失荆州　大鱼吃小鱼　单丝不成线　道三不着两　得理不饶人
独木不成林　读书破万卷　翻脸不认人

六字成语

八竿子打不着　百动不如一静　百思不得其解　百闻不如一见
挖东墙补西墙　彼一时，此一时　不得已而为之　不登大雅之堂
不法古，不修今　不分青红皂白　不可同日而语　不知老之将至
不知天高地厚　陈谷子烂芝麻　成败在此一举

七字成语

矮子队里选将军　不到黄河心不死　不敢越雷池一步　不管三七二十一
不见棺材不下泪　不看僧面看佛面　不是冤家不聚头　不为五斗米折腰
饱汉不知饿汉饥　曾经沧海难为水　长江后浪推前浪　车到山前必有路
初生牛犊不怕虎　春蚕到死丝方尽　此地无银三百两　此时无声胜有声

八字成语

百万买宅，千万买邻　冰炭不言，冷热自明　藏之名山，传之其人
吃着碗里，看着锅里　多一事不如少一事　方寸之木，高于岑楼
风不鸣条，雨不破块　父母之命，媒妁之言　各尊所闻，各行所知
狗嘴里吐不出象牙　家家有本难念的经

搬起石头打自己的脚　　不痴不聋，不作阿家翁
冰冻三尺，非一日之寒　　将在外，君命有所不受
做一天和尚撞一天钟　　司马昭之心，路人皆知
凡事预则立，不预则废

病来如山倒，病去如抽丝　　成人不自在，自在不成人
此处不留人，自有留人处　　工欲善其事，必先利其器
同君一夜话，胜读十年书　　瓜田不纳履，李下不整冠
好事不出门，恶事行千里　　天下无难事，只怕有心人
救人一命，胜造七级浮屠　　一朝被蛇咬，十年怕井绳
以小人之心，度君子之腹

十一字成语

以其人之道，还治其人之身

天有不测风云，人有旦夕祸福　　只许州官放火，不许百姓点灯

各人自扫门前雪，莫管他人瓦上霜　　踏破铁鞋无觅处，得来全不费工夫

参考答案

第一部分　成语接长龙

数字成语接龙

1. 完成成语接龙。

青　接　三　幸　祸　门　落　声　茂　竹　安　山　长　浪
年　登　远　飞　石　海　空　归　箭　上　心　灰　脸　赤

2. 完成数字填空。

第1行：一　二　三　四　五　六　七　八　九　十
第2行：二　三　四　五　六　三　六　九　十　十

3. 完成成语运算。

四　六　十　一　十　一　百　一　千　五　二　三　万　万　一

色彩成语接龙

1. 完成成语接龙。

裹　前　继　来　多　感　零　玉　焚　儒　流　返　真　据
灭　灾　重　生　依　舍　末　行　事　违　论　今　世　移
唇　寒　往　织　文　略　知　恩　报　爽　失　魄　丢　甲

2. 请将下面的颜色正确地填入成语中。

灰　金　红　银　粉　青　蓝　紫　黄　白　黑　绿　红　白　青　蓝　绿　红
黄　青　白　黑　紫　红　红　绿　青　绿　黄　紫　金　紫　黑　白
红　白　红　紫　红　白

季节成语接龙

1. 双龙戏珠。

左边：风　雨　雨　晴　晴　里　里　井　井　条　条　数　数　天　天　灭　灭　性
性　关　关　狗　狗　墙　墙　皮　皮　苦　苦　心

右边：云　舒　舒　眼　眼　快　快　鞭　鞭　及　及　代　代　刀　刀　影　影　单
单　马　马　龙　龙　舞　舞　墨　墨　干　干　落

2. 请将春、夏、秋、冬分别填入相应的空格，组成成语。

春　夏　冬　春　秋　春　春　秋　夏　春　秋　秋　春　秋　冬　夏　秋　冬

参考答案

3. 填成语记节气。

立春、雨水、惊蛰、春分、清明、谷雨、立夏、小满、芒种、夏至、小暑、大暑、立秋、处暑、白露、秋分、寒露、霜降、立冬、小雪、大雪、冬至、小寒、大寒

歇后语成语接龙

1. 完成歇后语成语接龙。

心 一 意 长 论 赏 目 接 三 语 详 引 胜 武
想 非 可 泣 声 赫 名 时 日 情 开 山 秀 中
飞 祸 行 水 出 死 生 虎 尾 掉 心 灰 灭 灾

2. 填成语补充歇后语。

遥相呼应　　　　　　　遥相呼应
一字千金　　　　　　　一字千金

性格描写成语接龙

1. 完成成语接龙。

德 备 用 苦 深 恨 平 人 海 空 风 翻 舞 枪
恒 数 计 来 拒 外 干 落 纷 扬 气 河 雁 声

2. 成语搭配连线。

长得——贼眉鼠眼　　穿得——花枝招展　　哭得——梨花带雨
笑得——前仰后合　　吓得——面如土色　　病得——奄奄一息

情感表达成语接龙

1. 完成成语接龙。

合 一 先 人 沸 扬 身 文 全 意 长 哭 得 手
焚 鹤 群 首 指 马 瞻 后 上 乡 义 投 路 知

2. 将成语归类。

描写高兴的成语：眉开眼笑　欢呼雀跃　欢天喜地　手舞足蹈　喜笑颜开　怡然自得
描写生气的成语：愤愤不平　勃然大怒　暴跳如雷　火冒三丈　怒发冲冠　拂袖而去
描写恐慌的成语：惊慌失措　面如土色　魂飞魄散　心惊胆战　诚惶诚恐　惊魂未定
描写悲痛的成语：潸然泪下　泣不成声　呼天抢地　兔死狐悲　热泪盈眶　司马青衫

241

成语益智游戏大全

诗歌成语接龙

1. 把成语补充完整，让每列中填入的字可以组成一首古诗。

登鹳雀楼

白日依山尽，黄河入海流。
欲穷千里目，更上一层楼。

2. 根据古诗中的首字将成语补充完整。

功成名就	名垂青史	江山如画	遗臭万年
盖世英雄	成群结队	流芳百世	恨恨不平
三心二意	八仙过海	石沉大海	失而复得
分秒必争	阵脚大乱	不三不四	吞云吐雾
国泰民安	图谋不轨	转败为胜	吴下阿蒙

3. 将成语填入诗词中，使诗词完整。

月落乌啼　春色满园　红杏出墙　司马青衫　千门万户　人面桃花

名言警句成语接龙

1. 补成语学名言。

十年树木，百年树人。
吃得苦中苦，方为人上人。

2. 根据名言警句中的首字将成语补充完整。

黑白颠倒	白头偕老
发短心长	首当其冲
不了了之	方寸大乱
知己知彼	悔过自新
勤学好问	读书种子
学有所成	书香门第
早出晚归	迟疑未决

3. 填成语，补全名言警句。

百尺竿头	其义自见
不入虎穴	行万里路
尺有所短	不耻下问
当局者迷	时不再来

242

参考答案

寓言、典故成语接龙

1. 完成成语接龙。

牢 破 舟 苦 心 胎 中 割 方 阿 承 下 令 往
长 人 变 厉 马 东 歪 扭 直 去 五 顶 拜 侯

2. 根据成语选择相关人物连线。

鸿雁传书——苏武　　老马识途——管仲　　口蜜腹剑——李林甫
为民请命——海瑞　　两袖清风——于谦　　神机妙算——诸葛亮

第二部分　猜谜语学成语

1. 根据数字猜成语。

九 九 百 一 二 三 三 四 千 百 三 四 五 十

2. 填成语，找规律。

毛遂　叶公　东施　愚公　孟母　项庄　夸父　阿蒙　江郎
规律：所填词语均为人名

3. 填成语，找出动植物的名称。

迎春花　爬山虎　勿忘我
知更鸟　信天翁　喜鹊

第三部分　填文字品成语

1. 在下图中，填入恰当的字，使之变成成语。

风言风语　文不对题
不计其数　学而不厌
百卉含英　语焉不详
潜移默化　学海无涯
暴殄天物　理所当然
寸草不生　物尽其用
精兵简政　治国安邦
欢天喜地　理直气壮

243

弦外之音　乐崩礼坏

2. 填成语，拼人名。

简•爱　周朴园　加西莫多　哈利•波特　朱丽叶　马小跳　皮皮鲁

3. 填成语，找出十二生肖。

鼠　牛　虎　兔　龙　蛇　马　羊　猴　鸡　狗　猪

4. 填文字，补充成语。

言	外	之	意
行			在
不			笔
一	马	当	先
手			忧
遮			后
天	伦	之	乐

气	象	万	千		肃	然	起	敬
壮		疮		独				而
山		百	年	树	人			远
河		孔		一		莫	逆	之	交
			旗	帜	鲜	明
	功		开			其
	成	败	得	失		妙		山
	名		胜		魂			穷
不	知	就	里		落	花	流	水	尽
					魄				

参考答案

第四部分 成语之"最"

1. 将职业或称呼填入空格中,组成成语。

公 君子 庖 母子 先生 士 工匠 公 工 子 庖 父子 工 公 王 父 士 臣 臣 子 君子 先生 司空 翁

2. 将方格中的汉字组成成语。

天道酬勤 斩钉截铁 并驾齐驱 见异思迁 买椟还珠
罄竹难书 如坐针毡 讳疾忌医 陈词滥调 惊世骇俗
青山不老 等闲视之 近在咫尺 精卫填海 军令如山
闲云野鹤 袖手旁观 家喻户晓 怨天尤人 玩物丧志

3. 补成语,猜出城市名称。

北京、上海、天津、重庆、长春、济南、合肥、郑州、武汉、长沙、南昌、西安、太原、西宁

第五部分 按字说成语

1. 猜职业:将成语与主人公的身份连线。

妙手回春——医生   骑虎难下——主帅   顺手牵羊——小偷
庖丁解牛——屠夫   囊萤映雪——书生   卧薪尝胆——君王
嗟来之食——乞丐   守株待兔——农夫   传道授业——教师

2. 填人物名称,补全成语。

夸父 精卫 女娲 毛遂 诸葛亮 管宁 伯乐 孙山 管鲍 东施 阿蒙 叶公 江郎 周郎 伯牙 西子 项庄 沛公 萧何 萧何 司马昭 太公

3. 填字组成语,并将所填的字按顺序连起来作为谜面,打一动物。

戴 红 花, 穿 锦 衣, 叫 一 声, 催 人 起。
谜底是公鸡

第六部分 歇后语接成语

1. 根据题干,将正确的选项填在括号中。

C B C B A A B C A B C B

2. 为下面的句子选择适当的成语。

  功亏一篑 奇花异草 群英荟萃 嫌贫爱富 轻如鸿毛 鹏程万里
  爱屋及乌 人困马乏

3. 试试看，将成语前后两部分位置调换。

  左边：油头粉面 千头万绪 春风满面 颜筋柳骨 流涕痛哭
  右边：垢面蓬头 藏头露尾 烂额焦头 马面牛头 祸首罪魁

第七部分 成语连连看

1. 成语连连看。

  一损俱损，一荣俱荣   人无千日好，花无百日红
  二虎相斗，必有一伤   人往高处走，水往低处流
  重赏之下，必有勇夫   工欲善其事，必先利其器
  不鸣则已，一鸣惊人   与君一席话，胜读十年书
  仁者见仁，智者见智   天下本无事，庸人自扰之
  分久必合，合久必分   世上无难事，只怕有心人
  以牙还牙，以眼还眼   只要工夫深，铁杵磨成针

2. 根据成语释义，找出相应的成语填在括号中。

  一枝独秀 千锤百炼 飞扬跋扈 丰功伟绩 井井有条 天诛地灭 不伦不类 犬马相报
玉石俱焚 另辟蹊径

3. 完成成语推理。

  得陇望蜀 杜鹃啼血 分道扬镳 囫囵吞枣 举案齐眉 请君入瓮 如坐针毡 偃旗息鼓
捉襟见肘

第八部分 成语改错

1. 请给下列成语中加点的字注音。

  第1列：bǎi xiǎn bì dài sè dú jiē xǐ
  第2列：páo zhèn qióng yuán jiàn móu dān ē
  第3列：chú cuō xiào xìn sè hài tuò yīng

2. 请找出下列成语中的错别字，更正在括号中。

  第1列：魁——槐 喻——渝 川——穿 唉——哀 惴——喘 嗅——臭

第2列：荀──苟　支──只　帐──伥　烂──滥　敞──蔽　座──坐
第3列：销──硝　咕──沽　璋──彰　禀──秉　戒──诫　凌──棱

3. 根据下面的故事内容，猜出正确的成语。

　　痴人说梦　　不寒而栗　　悬梁刺股

第九部分　成语迷宫

1. 完成成语接龙。

　　家大业大──大智大勇──勇往直前──前仰后合──合二为一──一锤定音──音容宛在──在所不惜──惜玉怜香──香草美人──人仰马翻──翻云覆雨──雨过天青──青红皂白──白手起家

　　绝处逢生──生不逢时──时来运转──转败为胜──胜任愉快──快马加鞭──鞭长莫及──及瓜而代──代远年湮──湮没无闻──闻风而动──动如脱兔──兔死狐悲──悲痛欲绝──绝处逢生

2. 完成成语走迷宫。

　　千变万化──千古绝唱──千呼万唤──千娇百媚──千金不换──千钧一发──千秋大业──千人所指──千乘之国──千丝万缕──千载难逢──千真万确──千姿百态──千依百顺──千言万语──千头万绪──千人一面──千秋万代──千难万难

3. 根据拼音写成语。

莺歌燕舞	千里迢迢	南辕北辙
管中窥豹	风餐露宿	买椟还珠
瓜熟蒂落	姹紫嫣红	博览群书
叽叽喳喳	崇山峻岭	孜孜不倦
栩栩如生	悬崖峭壁	锲而不舍
恍然大悟	苍翠欲滴	蹑手蹑脚

第十部分　近义成语与反义成语

1. 找出下面的反义成语并连线。

　　离心离德—同心同德　　贪生怕死—视死如归　　走投无路—柳暗花明
　　自圆其说—自相矛盾　　痛不欲生—欢天喜地　　风平浪静—波澜壮阔

247

2. 根据谜面补充成语。

若失　文武　人便　容疑　智谋　名实　击破　深测　形露　格格
所需　坠地　人尘　微至　细流　东再　清白　流污

3. 成语大变脸。

舍　生　腾　驾　梁　柱　砖　瓦　上　任

第十一部分　成语填空

1. 请为下面的成语进行正确的连线。

天下无难事——只怕有心人　　兵来将挡——水来土掩
金无足赤——人无完人　　　　眼观六路——耳听八方
万事俱备——只欠东风　　　　一人之下——万人之上

2. "大"字成语集锦。

大彻大悟　大吹大擂　大慈大悲　大风大浪　大吉大利　大模大样　大仁大义　大是大非
大手大脚　大摇大摆　大俗大雅　大红大紫　大智大勇　大抱大揽　大起大落

第1列：博　胆　地　好　夸　树
第2列：体　权　局　悟　物　吉
第3列：光　自　广　浩　自　马

3. 选字填空，组成成语。

第1列：叶　花　根　叶　木
第2列：花　木　枝　根　木
第3列：树　根　枝　叶　木　花　根　叶　枝　叶

第十二部分　看图猜成语

1. 看图猜成语。

地广人稀　大材小用　自圆其说　五音不全　事半功倍　人去楼空
七上八下　明争暗斗　落井下石　见仁见智　甘拜下风　待字闺中
四脚朝天　四通八达　命若悬丝　叹为观止　脱口而出　文不加点
雾里看花　笑里藏刀

2. 成语放大镜。

在—再　座—坐　花—画　镇—震　首—守　消—销　沉—吭　啼—涕

鸠—鸠　谱—普　古—鼓　诲—晦　砂—沙　哈—呵　抽—袖

3. 成语之最连连看。

最便宜的东西——一文不值
最有分量的话——一言九鼎
最浪费的行为——一掷千金
最没纪律的组织——一盘散沙
跑得最快的马——一日千里

第十三部分　成语对对子

1. 将"人"字成语补充完整。

第1列：仰　多　杰　命　琴　声　心　非
第2列：步　趁　痴　感　诲　寄　扣　耐
第3列：事　寰　物　心　为　怨　亡　和
第4列：伤　过　论　撩　于　制　杀　救

2. 根据描述猜成语。

垂头丧气　七步成诗　向隅而泣　抓耳挠腮　载歌载舞　座无虚席

3. 成语连连看。

呼风唤雨——惊天动地　心如刀割——泪如雨下　顺流而下——迎刃而解
朝思暮想——早出晚归　日暮途穷——夜长梦多　神出鬼没——虎踞龙盘
力争上游——名落孙山

第十四部分　缤纷成语家族

1. 给成语中加点的字标注正确的读音。

第1列：zhòng　xǐng　pián　là　ē
第2列：pǐ　páo　qiǎng　jiàn　xiàng
第3列：hè　yí　hèng　wú　hòng

2. 分类组成语。

飞禽类：鹤　雁　鸟　凤　鹅　鸭　鹄　鸡　莺　燕
走兽类：鹿　狼　虎　熊　豹　虎　豺　狐　虎
水族类：鲸　鱼　鳖　虾　蟹　龙　鹬　蚌
昆虫类：蛛　蝉　虫　蛾　蟾　螳　蜂　蝶

249

3. 成语归类。

表示公正的成语：不偏不倚　不愧不作　大义灭亲　明镜高悬　替天行道　铁面无私
表示团结的成语：坚如磐石　铜墙铁壁　同心同德　众志成城
表示帮助的成语：打抱不平　解囊相助　救困扶危　抑强扶弱　治病救人
表示博学的成语：出将入相　出类拔萃　才气过人　卓尔不群
表示智谋的成语：将计就计　旁敲侧击　运筹帷幄　穷寇勿追　文韬武略